U0116770

鄭寶鴻 編著

商務印書館

香港華洋行業百年——飲食與娛樂篇

編　　著：鄭寶鴻
責任編輯：張宇程
出　　版：商務印書館（香港）有限公司
香港筲箕灣耀興道 3 號東滙廣場 8 樓
http://www.commercialpress.com.hk
發　　行：香港聯合書刊物流有限公司
香港新界荃灣德士古道 220-248 號荃灣工業中心 16 樓
印　　刷：中華商務彩色印刷有限公司
香港新界大埔汀麗路 36 號中華商務印刷大厦 14 字樓
版　　次：2023 年 2 月第 1 版第 2 次印刷

ISBN 978 962 07 5687 0
Printed in Hong Kong

——飲食與娛樂篇

# 目錄

# 上篇　前言

1850 年代起，上環至西區的填海工程依次完成，南北行以及經營鹹魚及海味的店舖和欄商，在這一帶的文咸街、永樂街和德輔道西等開立。到了 1880 年代，原設於內地陳村的鹹魚欄亦移師至此。時至今日，這一帶仍為鹹料及海味的營業中心。

同時，多間茶樓、茶室以及有重大關連的茶葉莊，亦在西區及中環創設，包括著名的陳春蘭及朱廣蘭，不少嗜中國茶的外商亦為其主顧。

市民必需的油、鹽及糖，於開埠初期已有廠房生產，規模最大的是怡和及太古名下者，以及若干間華商的糖廠。早期以大澳為主的鹽田，於 1970 年代後已全部消失。

生產調味品者還有醬園，及製造豉油、蠔油等工廠和作坊，不少亦生產罐頭及涼果，當中尤以糖薑最受外國人士歡迎。1970 年代起，不少這類廠房和地段，被用作商住樓宇發展。

其他還有包括麵粉和各種粉類的生產，以及麵食、包餅及糖果的製造。規模較大者有早期的香港磨麵公司、連卡佛麵包廠、華資的安樂園，以及生產包餅的嘉頓和奇華。

1870 年代，已有名為"荷蘭水"之汽水的產製，較知名的為屈臣氏及德健藥房。踏入二十世紀，更多中外廠商投入生產，1950 年代為全盛期。

華洋美酒亦廣受市民的喜好，十九世紀後期已有商行代理洋酒，多間內地酒廠亦在港設分銷及代理。二戰和平後迄至 1980 年代，為拔蘭地及若干種洋酒的銷量全盛期，1990 年代起才被紅酒取代。

開埠初期起，已有多家經銷洋酒、奶類、肉類等洋貨名為辦館的店舖，這些店舖亦供應伙食予遠洋輪船，當中不少為華人經營者。

成立於 1886 年，擁有龐大牧場和冰廠的牛奶公司，亦在港九設有一如辦館的分銷處，後來演變為超級市場。這些超級市場於 1970 年代起，因變為平民化而發展神速。

招待外籍人士為主的西餐廳，十九世紀後期開設於中上環一帶，當時名為“大菜”的西餐亦獲華人青睞。華人亦在各區開設餐廳和冰室等，五十年代中，部分演變為廣受歡迎的茶餐廳。

1846 年起，供華人宴飲的酒樓酒家在中上環區設立，不少為迎合就近的風月場所者。二十世紀初，跟隨紅燈區的遷移，多間新酒樓在紙醉金迷的石塘咀區開張。全盛時期的1920 年代共有二十多間。1930 年代中，禁娼令執行後，多間大小酒樓酒家改在港九各區遍設。

1950 年代起，酒樓酒家的發展步入黃金期，因大批內地不同省份的人士遷至，大量京、津、滬、川及粵菜館，在港九各區開張。

由於酒樓及各類菜館蓬勃發展，導致提供上門到會之筵席包辦館式微。

十九世紀中期起，又名“茶居”、“茶室”等的茶樓，紛紛在華人聚居區開業，供應市民“一盅兩件”（點心），以及“三茶兩飯”。

早期的茶樓佔地由一幢至相連三、四幢唐樓者。由 1960 年代起，因大量唐樓拆卸，導致茶樓逐漸被酒樓取代。由於利潤豐厚，大部分茶樓亦銷售月餅。

1840 年代起，各區的街道已有不少販賣物品和食物的攤檔。1927 年和 1935 年，當局對攤檔作出規管，主要分有“大牌”和“細牌”，“大牌”後來演變為大家熟悉的大牌檔。

和平後的 1947 年，小販牌照再作新的分類，除大牌檔等外，亦有現時利源東街及利源西街等地的模式的攤檔。1975 年，當局再在九龍十多條街道開設小販認可區，容許更多這類售賣民生用品的攤檔擺賣。

至於提供廉價食物、位於多條主要街道的大牌檔，當局由 1970 年起以補償收回，或讓其遷往街市熟食市場的方式取締，現時只餘下二十多檔，成為吸引市民及遊客的特色景點。

第一章

# 鹹魚欄與海味商

1870 年代，已有多間經營海味、魚翅、鮑魚和雜貨的店舖，稱為號、莊，甚至欄者，在中環街市旁，以至上環街市一帶的皇后大道中、皇后大道西、海旁西約（德輔道西、高陞街），及“十王殿廣場”（現上環文化廣場）附近的文咸街、永樂街一帶開設。

“欄”亦指多間成行成市、羣聚在一起的店舖者。當中亦有豬欄，以及以東來里為集中地的果欄，及摩利臣街與文咸街之間的菜欄。

1880 年代，中、上環已有燕窩魚翅店約 50 間，當中包括：廣茂泰、仁昌隆、信興及茂和祥等。

而最大欄商之鹹魚欄，則位於又名“舊鹹魚街”的文咸西街（南北行街），及附近的西營盤德輔道西、高陞街和梅芳街一帶。

▲ 送殯行列經過西營盤正街與東邊街（右）之間的德輔道西，約 1930 年。這一帶為著名的“鹹魚欄”區，海味、鹹魚、油糖雜貨店林立，歷久不衰。

◄ 由文咸東街西望皇后大道中，約 1900 年。左方 184 號南盛金舖的右鄰為一永利海味店，右方 196 號樓宇的左旁，是著名的“二奶巷”（安和里）。

鹹魚欄早期位於內地陳村。由 1880 年代起，本港之漁船因交通及時間上的便利，改在本港銷售鹹魚。稍後，內地漁船亦捨陳村而轉往香港行銷。

1884 年，當時尚為新安縣轄下的長洲北帝廟，每年建太平清醮，港九市民的捐款是由鹹魚欄商之一的怡昌隆代收者。

至於九龍的欄商，早期集中於榕樹頭廣場旁，及街市街一帶，稍後伸延至新填地段包括旺角及深水埗區的街道。果菜欄則設於油麻地窩打老道與新填地街之間，於 1913 年始創。

由水坑口街東望皇后大道中，約 1935 年。這一帶有多家燒臘及臘味店、燕窩莊、魚翅莊，及售賣海參魚肚等的海味乾貨店。前方巴士的左方為上環街市的入口，右方於稍後有一同樂魚翅酒家。圖中的左方文咸東街口，為老牌的臘味店有記合，該座樓宇現時尚存。▶

潘駿堂鑲牙
脫牙
補牙
西菜冰室

欄商除鹹魚海味，還出售臘味、臘鴨、榨菜、糖麵、粉類、木耳、菇類，亦有人參和冬蟲草等。1925 年，冬蟲草每斤（十六両）為港幣 14 元，伸算每両約 9 毫，約 90 年後的 2015 年，則為每両約港幣 2 萬元。

部分欄商亦兼售蛋類，但自開埠初期起，主要的蛋類店舖集中於皇后大道中得雲茶樓旁，內有蛋舖二十多間的永勝街（該街又俗稱“鴨蛋街”），及九龍的上海街。“鴨蛋街”於 1992 年因市區重建而消失。

除老牌的除得雲茶樓外，亦有包括平香、添男及晨早 4 時開市的清華閣等茶樓，在“十王殿廣場”旁的永樂街開設，以招待附近果菜欄、鹹魚欄，以至南北行的商人和職工。

迄至 1930 年代，售賣活魚的鹹水魚市場設於中環街市側的租庇利街。市場每天凌晨 3 時開市，各區魚販準時到此購買，後運往各街市的魚檔發售。

▲ 由消防局（現恒生銀行總行）前西望德輔道中，約 1953 年。右方為著名的第一大茶樓，中部為大觀酒店。左方租庇利街口有一臘味鹹魚店。

位於西營盤區的兩間鹹魚海味店，約 1935 年。▶

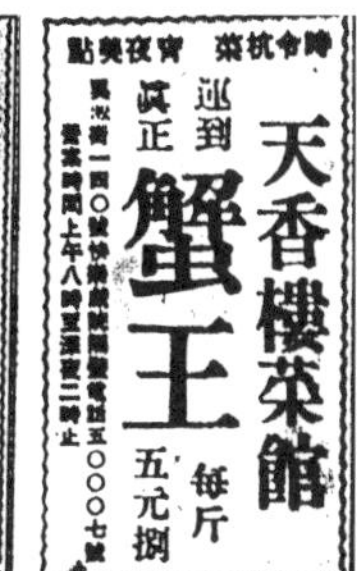


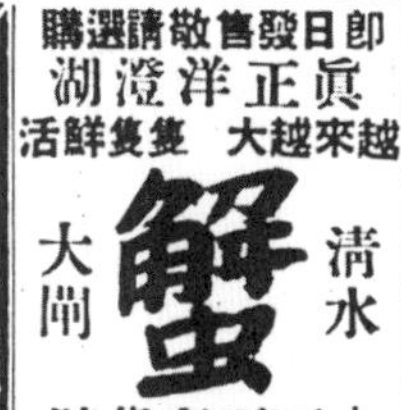


▲ 皇上皇臘味店開業廣告，及天香樓菜館和天福南貨號的“大閘蟹”廣告，1950 年。

日治時代，日軍當局在西環設一"水產卸賣市場"，實施漁類統營制度。和平後的香港政府仍實施此種制度。

日治三年零八個月期間，海味乾貨短缺，部分產品是由廣州灣（湛江）運來。市面有少量獲自香港海域的鹹魚仔供應。

和平後，不少鮑參翅肚海味店在上環街市附近的皇后大道中和永樂街一帶開設。1950 年，當局指令鹹魚欄店舖的曬場遷往郊外，九龍的店舖則集中於上海街、廣東道和北河街。

▲ 約 1955 年的深水埗桂林街，街市背後橫亘的是基隆街，可見多間油米海味店舖。左方"成珠海味"及南園燒臘所在，現為信興茶樓。

當時，不少酒樓、酒家、食肆及包辦筵席館，在鹹魚欄及附近一帶選購食材。每屆農曆歲晚，主婦們亦蜂擁至此採辦年貨。

若干間海味魚翅莊的東主亦經營酒樓或魚翅酒家，1950 年代較著名的是位於皇后大道中 354 號，接近西街的同樂酒家，老闆是一位袁姓魚翅商。

▲ 位於油麻地上海街 236 號的合記隆海味鹹魚店，1958 年。

▲ 旺角廣東道的市集，約 1965 年，左方為位於 1060 號，與亞皆老街交界的信興海味雜貨店。

# 第二章

# 茶葉莊與店

開埠初期，有一顛地洋行之茶葉交易所設於皇后大道中現華人行所在，該行 1846 年改作郵政總局。

1881 年，港九共有 51 間茶葉莊與店，供應各地的茶葉、舊茶磚、貢品茶及禮茶等。店舖遍佈於皇后大道中、皇后大道西、文咸街及歌賦街一帶。

十九世紀後期，茶葉店有生茂、永昌耀記及萬昌等，除供應茶葉給本地顧客外，亦出口銷往世界各地。

▲ 由租庇利街西望皇后大道中，約 1910 年，右方為陳春蘭茶莊。

若干茶莊亦經營煙絲及煙仔生意，名為"茶煙莊"。較著名的有位於皇后大道中 103 號，擁有三間分店的陳春蘭。另一間為位於上環德輔道中 235 號的朱廣蘭。兩者除經營茶煙外，亦開辦金山莊、洋莊，及兼營雜貨和食品生意。

早期，捷成洋行的大班，亦是在陳春蘭採辦包括"大紅袍"等茶葉者。1960 年代中，陳春蘭遷往閣麟街同德里口。

▲ 由中環街市前西望皇后大道中，約1961年。右方可見老牌茶莊陳春蘭及余仁生藥行。正中可見華生及天香茶莊的招牌，左方為位於閣麟街口的高陞茶樓。

二十世紀初起，有若干間名茶葉莊，選購上等茶葉供應予南北行的大商家，以烹潮州茶自奉及奉客。

此外，亦有茶葉商供應名茶予各大茶樓、茶室及酒家，不少是享有盛名者。同時，亦有不少著名茶樓茶室，由茶葉商開設者。部分茶樓亦會出售上等茶葉給相熟茶客。另外，亦有茶葉莊出售名為“茶腿”的火腿者。

二戰前後的著名茶葉店，還有位於皇后大道中的華生、天香；文咸東街的堯陽、彭裕泰及聯昌泰；德輔道西的顏奇香等。九龍則有上海街的李金蘭、香棧，及新填地街的寶蘭生等。

英記老茶莊 1881 年在廣州成立，於 1950 年遷港，在皇后大道中 155 號永吉街口設香港門市。1942 年，另一間祺棧茶莊在灣仔莊士敦道的英京酒家對面開業。

▼ 位於文咸東街 113 號的彭裕泰隆記茶莊，約 2003 年。

# 第二章

# 糖鹽油與醬園

## 糖鹽油

開埠初期，政府曾向市民徵收鹽稅，到 1858 年才廢止。

1870 年代，已有怡和洋行設於東角及鵝頸運河旁的中華糖局（廠）及東方糖局，還有一間印度支那糖廠，但於 1870 年代中期倒閉。

◀ 約 1880 年的銅鑼灣，前方為寶靈頓運河（現堅拿道）。右方為禮頓山，正中為渣甸山（利園山），其左方為東角怡和洋行的多座糖廠及貨倉。中前方兩座雙連小屋的背後是勿地臣街，其右端分別連接筲箕灣道（左）及禮頓山道（右）。右中部是與禮頓山道及摩理臣山道連接橫跨運河的必列者街（Bridge Street）。

1900 年至 1930 年代，由跑馬地至筲箕灣的道路經過重整後，必列者街、禮頓山道及筲箕灣道，依次變身為禮頓山道（禮頓道）、黃泥涌道的延伸、銅鑼灣道、電氣道、英皇道及筲箕灣道。

1880 年代，有一座鹽倉位於油麻地官涌。

同年，港督軒尼詩（Sir John Pope Hennessy）批出一幅位於鰂魚涌的地段予太古洋行，以及一幅位於登籠洲、堅拿道旁的地段予黎玉臣，分別興建太古糖廠及利遠糖局，於 1883 年落成，1884 年投產。後來太古糖廠的產量逐漸超越甚至取代怡和的糖局。

1902 年，有一位於永樂街的廣濟鹽務公司出售來自安南及金邊的食鹽。

當時，本港大嶼山大澳及茶果嶺旁的鹹田（藍田）有很多出產食鹽的鹽田，大澳的部分鹽田於 1970 年代初仍可見到。

早期，有若干間榨花生油莊位於港島西區、油麻地及元朗。二十世紀初，有數間製豬油店位於深水埗。迄至 1960 年代，有多家燒臘店亦出售豬油或燒豬油；亦有不少榨花生油的家庭式作坊。

1910 年代，有一間位於西環卑路乍街的南茂油莊，設有數座油倉，規模宏大，後於 1918 年發生大火而成為大新聞。

▲ 位於堅尼地城卑路乍街 39 號 A、B、C，接近山市街（左方），一列相連樓宇的南茂油倉於 1918 年 7 月初被大火焚毀後的情景。

由皇后大道中向上望嘉咸街，約 1935 年。街上有多間出售油鹽雜貨、白米的米店及雜貨鋪。右中部有一“承辦各埠豉油”的南山醬園。右方人力車旁的店鋪稍後開有一九龍醬園。左方為第一代的高陞茶樓，其背後為士丹利街。

戰前著名的品牌為合興油廠的“獅球嘜”，該廠成立於 1930 年，1932 年在香港開辦，稍後有一門市部位於中環永吉街。同時亦有一朱有蘭油廠。

和平後的油廠有東興，較著名的有金錠牌之寶富油莊。1960 年代大規模的油廠為生產“刀嘜”食油的南順。

1970 年代起，港人愛用粟米油以至芥花籽油等，現時則愛用橄欖油。

◀ 由尖沙咀加拿芬道東望加連威老道，約 1965 年。右方有同順興及三陽南貨號，左中部可見生油廠朱有蘭的招牌。

## 醬園

1874 年，有一間開設於油麻地的調源醬園，出產醬料、豉油、豆豉、涼果及酸果，行銷往金山（美國）、石叻（星馬）及庇能（檳榔嶼）一帶。

1881 年，有製造醬料者（Sauce Workers）共 76 人。

同年，港督軒尼詩（Sir John Pope Hennessy）提及，曾往參觀一間位於油麻地的醬料廠，並述及該廠除生產華人醬料外，亦有生產茄汁及糖果。每年運銷所產之茄汁數百桶往倫敦之名店，在該地入樽後，部分（數以千樽計）外地包裝者運回本港銷售。該種茄汁在倫敦被譽為"第一美味"。有理由相信，旺角的豉油街是與上述醬料廠有關者，早期的旺角亦屬油麻地區。

1921 年，有美國李派林華斯德省醬油（喼汁）在港銷售。俟後，包括廣生行及多間醬園亦產銷喼汁。

至於生產醬料、蠔油、豉油、酒醋等的醬園及店舖，有始創於 1888 年、1932 年在港開分行的李錦記；二十世紀初開業的同珍；1917 年的美珍和附屬的九龍醬園；1922 年的余均益；1924 年由廈門遷港的淘化大同醬油罐頭公司；1932 年的八珍。此外，還有冠益華記、東方、左顯記等知名機構。上述有若干間是以辣椒醬或添丁甜醋馳譽者。

1930 年代，多間醬園亦生產包括豆豉鯪魚、鱠白鹹魚、香菇肉粄、肉醬、甜湯（糖水）蓮子及金桔等罐頭。當時，市面上亦有國產罐頭及美國"地捫牌"（Del Monte）罐頭。

三十年代，很多醬園及糖薑工場開設於長沙灣、葵涌、荃灣一帶，以及九龍塘村、竹園村和九龍城的打鐵街、九龍城大街、打鼓嶺道、衙前圍道及上沙浦一帶。當中有羅三記、南華、冠珍、裕隆及成園等。此外，亦有若干間包括榮興隆及名珍等腐乳和南乳莊。早於二十世紀初已有一間陳天源號，專營寄運往美國各埠的腐乳。更歷史悠久的是現時仍經營的腐乳名店“廖孖記”。

由 1930 年代起，有多間生產蝦油、蝦糕、蝦醬和魚露的工廠，分別開設於香港仔、旺角，以及離島的長洲及大澳等，香港的工廠以李成興、品珍及永泉等較馳名。

▼ 香港仔黃竹坑道，左方為多間魚露廠，1962 年。

▲ 流浮山后海灣的蠔塘，約 1965 年。

養蠔業在香港已有七百多年歷史，主要的產蠔區為元朗的深灣（后海灣）。二十世紀初亦有蠔區位於深水埗及長沙灣。1966 年，深灣蠔區範圍有 6,000 畝，年產二百多噸蠔肉，部分被製成蠔豉及蠔油出口。

和平後，多家內地的醬園及南北貨號，包括三陽、天福及同順興等在港開業。此外，還有包括中興、大發及新中等土產公司，出售浙醋、豆瓣醬、肉鬆、北平彩蛋以及洋澄湖大閘蟹等醬料和食品，以迎合南來香港的外省人士。亦有若干間包括金和棧等商號，選辦內地及本港的土產、蠔油、蝦醬、鹹魚及南北貨等，運往美國及世界各地出售。

◀ 中環街市前的皇后大道中，約 1968 年。由左起依次為售賣油、鹽、醬、醋、糖及內地土產食品的三陽南貨醬園、新中食品公司，以及中部的九龍園，其西鄰為華生及天香茶莊。

◀ 由中環街市望閣麟街，1989 年。左方為大華國貨，右方為三陽醬園及華豐燒臘。三陽的背後亦有一金陵燒臘店。這一列樓宇於 1992 年被拆卸，以興建登山自動扶梯，於 1993 年落成。

# 第四章

# 糖薑與涼果

開埠初期起，已有廠房及醬園製造糖薑、涼果及酸果等，供本地銷售及出口，當中包括 1870 年代位於油麻地的調源醬園，以及港督曾參觀的一間醬園。

十九世紀後期的著名糖薑廠，有位於西營盤的興隆和彩芳，以及位於油麻地廟街的萬隆。

1913 年，港九共有十多間糖薑廠和多間糖薑銷售店。最著名的是馬玉山飲食集團，於旺角設有糖薑廠，銷售點遠至上海。其糖薑亦受英皇喬治五世（King George V）喜愛。該集團後來因經濟周轉不靈，糖薑廠於 1925 年易手予中華糖薑公司。

至於蜜餞及甜酸涼果製造廠，多設於長沙灣、土瓜灣及九龍城區。有一間創辦於 1901 年的王榮記，廠房設於長洲，產品以“飛機演放”為商標，十分特別。

1918 年，有一間十字頓果子廠設於九龍城纜路街，門市部設於德輔道中先施公司對面。

▲ 約 1930 年的長洲。左方最大的建築物為王榮記果子廠。

十字頓遷舖廣告

本號總批發所向在永和街開張拾有餘年所製陳皮梅及各種菓子食品叨蒙各界歡迎久已馳名中外現因擴張生意準於九月三十日遷往德輔道中壹百六拾弍號門牌即先施公司對面諸君光顧請移玉步是荷　此謹啟

製造廠在九龍城外纜路街

支店上海美租界武昌路西叁百四拾四號門牌

戊午九月廿七　香港十字頓主人潘梓源披露

◀ 於二十世紀初，在港島永和街開業的十字頓果子廠門市部之遷址通告，1918 年。其製造廠位於九龍寨城外的纜路街。該門市部位於 1960 年代遷往利舞台戲院旁之勿地臣街。

▲ 糖薑廠女工及瓶裝糖薑，約 1960 年。

牛頭角淘化大同公司各種糖薑、醬酒及罐頭的廣告，1950 年。 ▶

以醬油馳名的淘化大同公司，亦出產多種口味的糖薑。不同味道的糖薑用不同圖案的古壜（瓷花瓶）盛載，甚具典雅特色。

淪陷前後，亦有涼果及糖薑廠設於葵涌及荃灣一帶。

由 1900 年至 1950 年的半個世紀，香港一直維持有十多間糖薑廠，工人近 300 名。當中一間“香港糖薑貿易公司”，其總經理余達之為“又一村”屋苑發展計劃的發起人。村內的達之路以他命名。

其他糖薑及涼果廠還有：裕隆、翠香、同芳、南華、李成興、興亞、北辰、任合興、香發渭記、同益及馬廣利等。

1960 年代起，不少醬園、糖薑及涼果廠的廠房及曬地，紛紛改建為工業及商住樓宇，如淘大工業村、淘大花園及任合興工業大廈等。

◀ 涼果業巨擘任合興位於皇后大道西近皇后街的店鋪，1985 年。（圖片由陳創楚先生提供）

第五章

# 麵粉工業

自開埠時起，已有不少磨粉工場及作坊，生產及出售各種粉類以供製造中西包餅、糕點和麵線麵條。根據 1894 年的統計，當時有十二、三間製造麵粉舖。

1900 年，有一永昌生熟麵粉房。稍後，有一位於皇后大道中及旺角的萬興粉莊，供應製造包餅麵食的綠豆粉、澄麵粉、糯米粉、藕粉、馬蹄粉、葛粉等。同時，亦有若干間機器磨粉房。

被形容為香港於二十世紀初其中一項最大的工業投資，是設於船灣（Junk Bay，即將軍澳）調景嶺的"香港磨麵有限公司"。該廠房共佔地 435 英畝，並有 2 哩半長的海段。公司總部設於干諾道中皇帝行頂樓。東主為連尼（A. H. Rennie），大投資者還有遮打（Sir Catchick Paul Chater）及摩地（Sir Hormusjee Naorojee Mody）兩位爵士。

▼ 約 1900 年農曆新年期間的南北行街（文咸西街），這裏及附近有若干間經營各種粉類（包括麵粉在內）的行莊。

廠房建築工程於 1905 年開始，1907 年 1 月由布政司梅軒利（Francis Henry May，後改譯名為“梅含理”）主持開幕。

製造麵粉的小麥乃購自山東及印度，整天 24 小時不停生產，可製成麵粉 8,000 袋，足可供應全港市民及英軍所需。

十多天後，港督彌敦（Sir Matthew Nathan）連同一眾高官，以及摩地爵士等社會名流參觀該廠房、麥倉和布包縫印機，均為水力發動者。此外，亦購備製冰機器一部，另設廠製冰。

該廠於 1908 年初停產。同年 4 月，有華商會欲組公司合資接辦，但不成功。稍後，該公司宣佈清盤，連尼隨後乘輪船在石磡灣以繩繫船，另一端繫頸，跳海自盡。1909 年，連尼之遺產代理人，攤派連尼之欠數予債主。

由當時起，調景嶺的英文名稱為“Rennie' s Mill Village”（連尼氏麵粉廠村），到了 1990 年代後期才改為“Tiu Keng Leng”。

▲ 調景嶺郵局的郵戳，1970 年，當時的名稱為“Rennie' s Mill Village”（連尼氏麵粉廠村）。

▲ 位於將軍澳，香港磨麵公司廠房全景，約 1907 年。

二、三十年代，有多間電機磨粉廠、磨房及麵粉廠在港九設立。

和平前後營業的廠房有：港島寶靈頓道的華英及三利隆；大角咀的亞洲、保用及三泰；旺角的成記；深水埗的香港等廠號。部分包括成記等磨房，專磨各地道生熟粉，亦兼磨工業原料、田料、飼料、牛骨、木、石以至藥材等。稍後亦有多間磨粉店位於告士打道，部分經營至 1970 年代才結業。

戰後大規模的麵粉廠有：1954 年創辦，位於德輔道西 446 至 450 號的香港麵粉廠，以及 1964 年創辦，廠房設於觀塘海濱道的九龍麵粉廠。

當時，亦有不少麵粉批發及零售店舖，於上環永樂街、德輔道西及干諾道西一帶開設，供應麵粉予港九的沙河粉及麵條麵線製造廠。當時亦有一間位於元朗的廣新隆糕粉廠。

1950 年代知名的河粉麵線製造廠或店舖，有中環的有記、樹記、勤記；西營盤的三民、中國、利民；灣仔的鏡記、嶺南、國民；北角的安利等。

九龍區則有裕生、百吉、田記、劉揚記、安利等。位於新界區的有元朗的香港粉絲廠。

▲ 約 1960 年灣仔告士打道杜老誌（道）碼頭，右方有多間磨粉類店舖。

▲ 由莊士敦道望太原街，約 1965 年。右方為雙喜茶樓，正中可見金鳳冰室及開業於 1945 年的鏡記麵廠招牌。

▲ 旺角廣東道市集，約 1965 年。兩旁有多間油、米及粉麵店舖。

當時，著名食品店陳意齋馳名的蝦子麵等麵線，亦委託結志街的勤記代造。而百吉的即沖即食麵當時十分流行。

現時，多間上述製麵廠仍在營業，若干間且有長足的發展。

▼ 由修打蘭街東望德輔道西鹹魚欄區，約 1965 年。這一帶有包括左方之萬泰行的多間麵粉店鋪。

# 第六章

# 食品工業（包餅、糖果與零食）

一間位於灣仔皇后大道東與船街交界的裕昇店，製造供應港島多處的麵包。1857 年 1 月 15 日，包括港督寶靈（Sir John Bowring）的夫人在內的多名人士，進食了該店所製之麵包而中砒毒，成為轟動國際的大新聞。

當時，亦有多間麵包店及中西式餅食店設於港島各區。

約 1860 年，一間位於威靈頓街誠濟堂藥行左鄰的雲來茶居，兼售月餅、杏仁餅及白糖餅等中式餅食。稍後，亦有一間位於皇后大道中 293 號的和昌餅舖。

當時較著名的，還有約於 1880 年在銅鑼灣堅拿道創辦的連卡佛麵包廠。

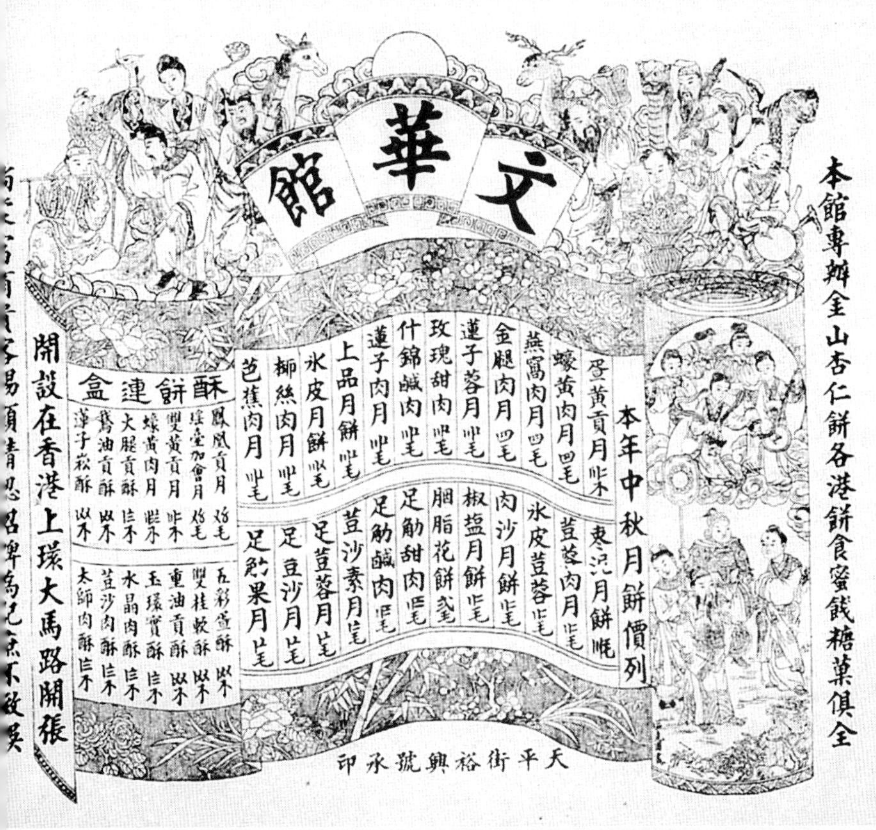


約 1900 年，一家位於上環皇后大道中，文華館餅店的月餅價目單，每盒重一觔（斤）共四個的月餅，售價由〡〦毛（一毫六仙）至〤〥毛（四毫五仙）不等。亦有中國銀毫或銀両的報價，如〡〤〤（一錢四分四厘，即等於二毫）、〣〢（三錢二分，即等於約四毫半）等。

另一間為 1891 年，由一位關頌聲創辦，位於威靈頓街 118 號的正隆麵包公司，曾在域多利皇后街、皇后大道東及筲箕灣開分店，出品頗受好評。該公司一直營業至 1960 年代中才結業。

約 1900 年，有一間位於威靈頓街 93 號的合昌利餅店，出售包括“泰西冬至”（又被稱為“老番冬”，耶穌誕，即聖誕節）蛋糕的西式餅食。其旁有一間位於 89 號的香港糖果公司。稍後，威靈頓街還有英隆及協和昌記棧兩間麵包餅店。

知名的威士文餐廳麵包舖，於 1909 年在皇后大道中 34 號開業。其他著名的店舖還有德輔道中的亞力山大食物館，以及位於德輔道中 25 號、開業於 1913 年的安樂園。安樂園包餅的包裝上印有《聖經》金句。

早期的中秋月餅名店，有雲來茶居、皇后大道中的得雲、三多及得名茶樓等。此外亦有包括美香居等多間餅家。

每年由農曆八月初一起，各茶樓酒家、包餅店及餅家，皆懸掛月餅宣傳牌或裝飾，無不五光十色、爭妍鬥麗，亦有不少是針砭時弊者。

1900 年，每盒月餅售價由 1、2 毫至 1 元不等，亦有用銀両的錢、分、厘報價者。

1915 年，位於皇后大道中與鴨巴甸街交界的三多茶居，月餅裝飾畫用“中華民國真成畫餅”為主題，諷刺袁世凱。由日至夜圍觀者擠擁不堪。華民政務司以有礙交通及違反港例為由，傳三多主人到署飭令收回。

1920 年代，出售月餅的茶樓酒家有：馬玉山、武彝仙館、高陞、祿元居、南唐、富隆、如意、得如及蓮香等。這些食肆亦辦理婚嫁的龍鳳禮餅以及“過文定”（訂婚）的回禮茶盒等。至 1930 年代，已有茶樓餅家舉辦月供 1 元、一年後可得十盒或八盒月餅的“月餅會”。

1922 年，安樂園餐廳出售水車、手槍、汽車等形狀的玻璃樽糖果，每款 2 毫。出售糖果的還有位於威靈頓街 64 號的惠華公司。1930 年代，安樂園推出用朱古力及糖等原料製造的“清明蛋”，是復活蛋當時的名稱。

當中出售糖果規模較大者，是於 1924 年遷往皇后大道中 16 號亞細亞行的日資森永糖果餅乾公司。

1926 年，嘉頓麵包廠在深水埗區創立。

1927 年，餅食店陳意齋在皇后大道中 219 號的孖沙街旁開業。當時的出品有：燕窩糕、雀肉酥、橙汁蓮子餅、椰蓉酥、杏仁露及代乳粉等。

衞生食品
本公司凉冰巴已於五月廿壹號開
市所製之各種果子露汽水花旗雪
糕久已馳名於港地近又加意講求
衞生務求盡善盡美樓上西菜歐美
茶點諸般食品可口精良本廠自製
之洋糖果罐頭餅乾價廉物美志在
挽回利權振興土貨大帮購辦額外
相宜諸君光顧請爲留意是荷
香港馬玉山糖果餅乾公司特佈
乙正月初六日

◀ 1915 年，馬玉山糖果餅乾公司的廣告，該公司亦生產雪糕、果子露及汽水。

CHINA
COMPANY
CANTON
&
華業公司
HONGKONG
Co.

▲ 由畢打街西望皇后大道中，約 1925 年。左方人力車旁為亞細亞行樓下的森永糖果公司。右方的警察交通指揮亭後，為華人行的美利權餐廳及糖果公司。

1938 年，一間位於上海街 320 號、由黃業榮與盧樹強經營的“奇華食品商店”開業。一年後盧氏將股份轉讓。1948 年，商店名稱改為以月餅馳名的奇華餅家，當時的地址為上海街 210 號及 480 號。

1941 年，月餅製造商較著名的有：連卡佛公司、馬寶山、振興、隨園、英記、蘊香、老大房、上海奇香村等餅店，以及得雲、冠海、龍泉、高陞、慶雲、蓮香等茶樓，和大同等酒家。

日治時代，食材及油、糖等缺乏，餅食初期以一個，或切開半個甚至四分之一個出售，後來則被其他餅餌如雞仔餅、棋子餅、鹹切酥及杏仁餅所取代。當時的餅店有振興、隨園、咀香園、齒香園、養生園及佛動心等。後兩者曾製造麵包出售，但價格高昂，有能力購買者不多。

至於茶樓酒家的豬、牛肉、蛋及菇類的點心，於 1944 年中開始停止供應，只能供應簡單的餅食、糕品及油器。

和平後的 1945 年 8 月 17 日，由牛奶公司及連卡佛組成一間“大利連”（Dairy Lane）超級市場，主要製造麵包，供應予以外籍人士為主的港人。

1947 年，位於告羅士打行的告羅士打餅店開幕。

1948 年，以張子芳為總經理的嘉頓麵包公司，出產的麵包及糖果餅乾，在牛奶公司發售。同時，亦出售包括藏寶箱、雙層巴士及郵筒等包裝的糖果。

▲ 由彌敦道望加連威老道，約 1950 年。右方位於彌敦道 96 號的紅運麵包公司，所在現為美敦大廈。

1949 年，安樂園餐廳的知名包餅有：提子包、車輪包、牛油檳（Bun）、安樂餅、安樂梳、忌廉克力架、曲奇及雞蛋水泡餅等。

當時，亦有一間位於彌敦道的車厘哥夫餅店。

以月餅、杏仁餅及糖果馳名的振興公司，位於筲箕灣望隆街的新廠於 1949 年落成。

市面上流行的食品，包括有：權記及吧島廠的蝦片、甄沾記的橄子糖、百吉的即食麵、陳意齋及何東行樓下的謝潤記餅類、蜜餞食品、牛肉乾等。後者且出售頗冷門的“和味龍虱”及“桂花蟬”。

1951 年，連卡佛麵包廠曾發生工潮。

省港
甄沾記
香港堅道六十五號　電話二五三〇六
廣州市東山廟前街三十一號
著名
椰子雪糕
牛奶椰子糖

▲ 1950 年，甄沾記椰子雪糕及牛奶椰子糖的廣告。甄沾記於 1915 年創立。

▲ 1953 年 6 月 2 日，英女皇加冕會景巡遊時的軒尼詩道。廠商會的花車旁是位於 233 號的泰山麵包公司。背後一輛是東華三院的花車。

▲ 位於中環皇后大道中 187 號，及通連上環文咸東街 1 至 3 號的得雲茶樓餅家之裝飾招紙，約 1948 年。

▲ 得雲茶樓的金屬月餅盒，約 1965 年。

同年中秋，各大茶樓酒家及餅店，一如戰前，張燈結綵大加裝飾以銷售月餅，包括麵包餅店的祥利、筵香、泰山、中發、利記、玉山、富貴齋、杏桃園、中國、奇華、奇香、奇馨、遠興祥及祥興等。

1950 年代中起，彌敦道與山東街交界的瓊華酒樓及龍鳳茶樓的燈火輝煌月餅裝飾十分耀目。而龍鳳那些諷刺社會現象的巨型宣傳畫更成為報章專題。有若干家於舖前會設一玻璃燈箱小舞台，內置活動人物公仔，如三英戰呂布、古城會等，配以叮叮咚咚的音樂，十分吸引。

最名貴的月餅是用玻璃或鏡面五彩紙盒包裝的"七星伴月"。此外，還有兒童喜愛的"胭脂餅"及"豬仔餅"，或"豬籠餅"。早期的豬籠為竹籮，後來改為塑膠。

各茶樓餅店例於中秋節休息三天，復業後，將賣剩之月餅以"日光餅"的名稱出售。

五、六十年代，分店最多的月餅及包餅店是港島的紅棉，以及九龍的金門。金門有 28 間分店，500 名員工。

當時，端陽糭子及中秋月餅的銷售，被視為"一本數利"的生意。有部分茶樓酒家單售糭子已可賺取全年的"皮費"，更遑論月餅了。不少茶樓餅家，為獲得現金"頭寸"使用，舉辦"分期供款式月餅會"，月供 1 至 3 元，一年後的中秋可獲月餅五至十盒。曾有一間位於九龍城的"好彩茶樓"因結束而"爛尾"，無餅可領的"唔好彩""會仔"，只有"徒呼荷荷"。

▲ 約 1965 年的莊士敦道，右方為大王東街口的振興糖果餅乾公司分店。正中有同以月餅馳名的雙喜及龍門茶樓及一龍團酒樓，所在現為三聯書店。

▲ 曾有多間分店的超群餅店的禮餅券，1981 年。該餅店於稍後倒閉。

蓮香茶樓結婚禮餅的時價表，約 1996 年。可見到多種難得一見的酥、餅糕、包及油器的傳統名稱（正面及背面）。▶

香港 蓮香老餅家

著名禮餅時價表

香港威靈頓街一一七號
香港灣仔灣仔道七十七號地下
電話：二八五四二六四八

特備精美餅咭　方便貴客派送

每斤計

蓮蓉龍鳳餅四十六元　掛爐燒鴨酥五十元
伍仁龍鳳餅四十四元　金華火腿酥五十元
荳沙龍鳳餅四十二元　棗子蓉香酥四十二元
蛋黃燒鷄酥五十八元　五彩皮蛋酥四十六元
蛋黃蓮蓉酥五十元　蓮蓉鷄蛋糕三十八元
烟緣嘉會酥四十二元　荳沙鷄蛋糕三十六元
著名蓮蓉酥四十二元　香菘合桃酥三十二元
蛋黃荳蓉酥四十二元　潮州冬蓉酥三十四元
蓮子椰絲酥三十五元　香鬆椰山四十二元
荳沙紅綾酥三十二元　菓子蠔豉香酥四十八元
伍仁白綾肉酥三十六元　五仁义燒酥四十八元
荳蓉黃綾酥三十二元　爽糖膏酥三十二元

各款回禮茶盒時價

紅包　蔴通　金錢
喜包　米通　龍利
大發　通堆　椰絲餡堆
菘糕　鷄蛋糕　三角粽子

年　月　日

香港 蓮香樓報價單

1950 年代最受歡迎的麵包食法，是用每磅售 3 、4 毫的“枕頭包”(方包)及車輪包，配以牛油及煉奶食用，為普羅市民的至上享受。

至於歷史悠久的包餅名店正隆，於 1960 年代結業後，位於威靈頓街永和雜貨店東鄰的老店，改變為“南華油墨公司”。

1960 年代中後期，有一間位於德己立街娛樂戲院大廈地下的金獅餅店，工場設於士丹頓街 1 號，其中式包餅深受中環坊眾喜愛。同一條街上端有一間 Wimpy 漢堡包店，相信是最早一批漢堡包店之一。

▲ 約 1963 年的尖沙咀加連威老道，接近漆咸道的一段。可見三陽泰、三陽等辦館，還有代理嘉頓月餅的同順興。

▲ 位於擺花街，第一代泰昌餅家因傳聞結業而引來的輪購蛋撻人龍，2005 年。

# 第七章

# 汽水與飲品

首批汽水 —— 玉泉汽水於 1783 年在瑞士日內瓦生產。始創人稍後移居英國，於 1790 年在倫敦設廠，生產梳打水及檸檬水。兩者於 1835 年獲皇室證書。由於維多利亞女皇亦喜愛飲用，汽水遂於 1850 年代起在英國大為流行。

1874 年，有一位於水坑口街與荷李活道交界的遠芳圃，經營汽水及藥材生意。

迄至一戰和平後，汽水普遍被稱為"荷蘭水"，此名稱源於 1850 年代曾批運往中國的汽水，是由一艘荷蘭船隻運載而得來。實際上，香港從未由荷蘭進口汽水。汽水早期的英文名稱為"Aeratta Water"。

1876 年，屈臣氏藥房在香港設廠（早期名為"荷蘭水房"）生產汽水。同時生產汽水的還有一家"老德記"，以及位於皇后大道中 32 號生產德健牌汽水的"德健兄弟公司"。此外，屈臣氏亦生產稱為果子露的糖水。

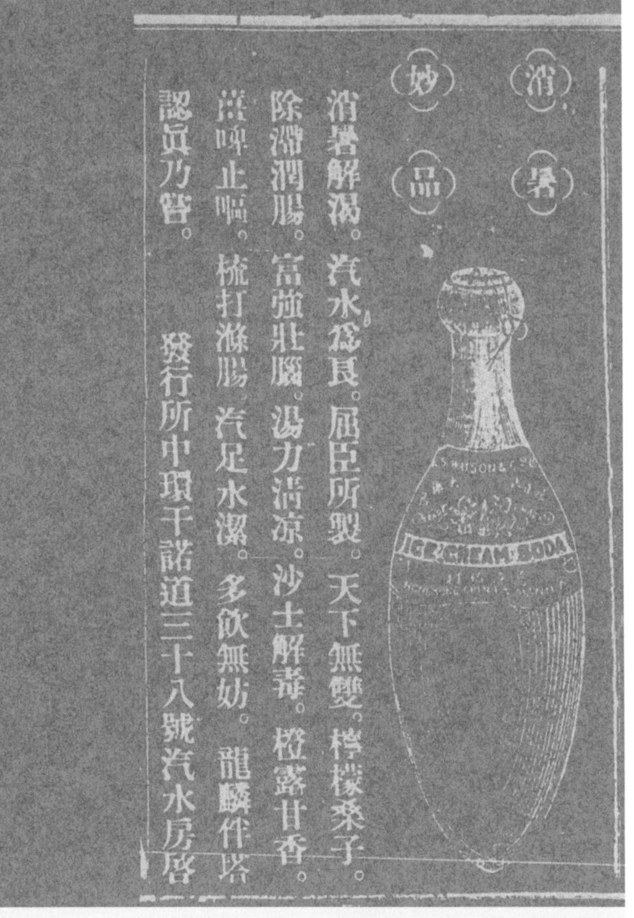

消暑妙品
消暑解渴。汽水爲良。屈臣所製。天下無雙。檸檬桑子。
除濁潤腸。富強壯腦。湯力清凉。沙士解毒。橙露甘香。
薑啤止嘔。梳打滌腸。汽足水潔。多飲無妨。龍麟件塔
認眞乃皆。發行所中環干諾道三十八號汽水房啓
ICE CREAM SODA


◀ 1918 年的屈臣氏汽水房（廠）之廣告，可見早期汽水瓶的型狀。

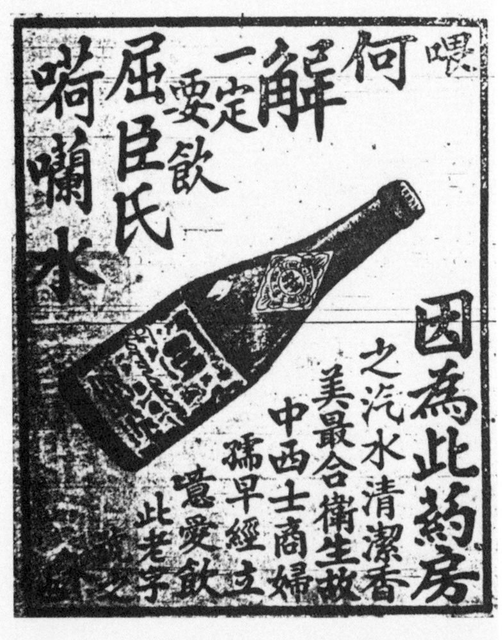

喂
何解
一定要飲
屈臣氏
嗬囒水
因爲此葯房
之汽水清潔香
美最合衛生故
中西士商婦
孺早經立
意愛飲
此老字


◀ 屈臣氏藥房的荷蘭水（汽水的早期名稱）之廣告，1913 年。可見一現代化之瓶裝汽水。

由灣仔聖佛蘭士街西望皇后大道東，約1910年。左方第三條騎樓柱可見"安樂水房總局"，其上端的招牌則為"安樂汽水公司總局"。該座位於55A至59號的汽水廠，於1970年代中改建為東美中心。

1901 年，一間位於皇后大道中 31 號的威健藥房生產威健汽水。同時，一位居於荷李活道的華人莫理智，製造化妝品及包括沙示、士多啤厘、桑枝、湯匿（力）、檸檬、高拉（Cola）及三鞭（香檳）等汽水飲品，當時每打汽水售 4 毫。

1904 年，安樂水房（汽水廠）總局在皇后大道東 55 號 A 至 59 號成立（所在現為"東美中心"）。該廠標榜汽水是用電力機器配以上等藥品製成，並經皇家化學師頒發文憑，與其他水房用"人力生產"者不同。該廠的英文名為"On Lok"，一度亦稱為"Connaught"，以紀念於 1906 年第二次訪港的英國皇子干諾公爵（Prince Arthur, Duke of Connaught and Strathearn）。

曾在德健汽水廠工作的馮福田，於 1898 年在廣州成立廣生行化妝品廠。1905 年在蘭桂坊開設港分行，稍後遷往德輔道中。除化妝品外，該行亦生產包括甜橙、桑子醋、士多啤厘、忌廉及梳打等十多種味道的果子露。公司宣稱用一份果子露，加十份清水及該廠生產的荷蘭水汽粉五厘，即可調成荷蘭水（汽水）。

此外，1906 年有一間位於利源東街 12 號的"兆興荷蘭水"，以及位於荷李活道的歧山氏公司，生產"菩提仙露水"。1908 年，還有一間位於石塘咀的同樂水房。

▲ 德輔道中與遮打道交界的亞力山打行（第一代歷山大廈），前方為屈臣氏藥房，約 1915 年。

1907 年，安樂水房的註冊商標為一頭醒獅。同年，有一“丹尼北水房”向法庭入稟採用醒獅註冊，但官判獅嘜為安樂所用而拒絕。當時，安樂亦生產果子露、鱉魚肝油、白樹油及電燈泡等。

1908 年 7 月，有一間“石泉汽水公司”開設於西環卑路乍街 39 號，同年曾舉辦義賣賑災。

同年，屈臣氏港局（廠）及廈門支局，供應兩地美國軍艦所需之汽水。1910 年，屈臣氏水房由皇后大道中 36 號（現興瑋大廈所在），遷往七姊妹新填地之新廠（現北角屈臣道海景大廈所在）。其出產之汽水每打售 6 毫半，品種有檸檬、桑子、湯力、沙示、橙露、薑啤及梳打。

同於 1910 年，有一製造荷蘭水、花露水及化妝品的妙生行，在皇后大道中 276 號開業，但於一年後收盤。

1912 年，廣生行於天后七姊妹區亦設一間汽水房生產汽水，並設一製樽及螺絲瓶蓋廠。此外，該行亦出售英製的“士迫力連汽珠汽水瓶”，配合該公司的果子露即可製成汽水。當時公司宣稱“果子露之氣味足以令水中之微生物不能為害”。

1913 年成立的安樂園餐廳亦生產汽水。而位於皇后大道中 98 號的馬玉山公司，亦於 1915 年生產果子露及汽水。

1921 年，源和洋行生產多種味道的汽水。

1922 年，先施公司生產老虎牌的多種果子露，當中以杏仁露最受歡迎。

1924 年，市場上有一種“湯喜露汽水”。該水房於同年舉辦賑濟粵省三江水災。知名人士郭春秧捐款 1,000 元，獲贈飲湯喜露汽水一枝。

1920 年代起，各水房紛紛將汽水瓶由“汽珠士迫力瓶”，改為用水松底鐵瓶蓋，即為鐵荷蘭水蓋，一如目前汽水啤酒所用者。“荷蘭水蓋”一詞亦被用作形容殖民地時代的勳章。

當時，有一位於灣仔道的美和製枳公司，亦生產這種鐵製汽水瓶蓋。

1930 年，學者蔣彝先生，將一種新牌子美國汽水的中文名，譯作“可口可樂”。早期，可口可樂由屈臣氏監製生產，而屈臣氏所出品之 Cola 汽水，中文譯名為“哥喇”。

1940 年，香港荳品有限公司出品的維他奶及朱古力維他奶面世。

淪陷時期，位於北角的屈臣氏汽水廠，被改作“香港佔領地總督部管理飲料水工場”，以“香港汽水”為名，出品各種汽水如可樂、梳打水、檸檬及橙汁等。其他牌子的汽水廠如安樂及安樂園仍照舊生產。1942 年底，汽水的售價每瓶約軍票 80 至 90 錢（當時匯率：1 円軍票 = 100 錢）。

▲ 銅鑼灣區一間售賣汽水洋酒的士多，1974 年。

▼ 銅鑼灣怡和街與禮頓道交界，約 1957 年。豪華戲院前一列唐樓周圍，可見可口可樂、維他奶及衛力奶的汽水廣告。衛力奶的左方是第一代的鳳城酒家。

1948 年，一間設於北角馬寶道的甘泉公司，生產士巴牌汽水，當中有菠蘿汁及美提露。

1949 年，菲律賓大同汽水在九龍青山道 350 至 352 號設廠生產多種汽水，大枝售 2 毫半，細枝售 1 毫半，為當時最便宜者。

1950 年 6 月 1 日，位於灣仔克街 9 號的東亞汽水廠開幕，產品中有“北平萬芳齋酸梅湯”。當年，亦有一間怡隆大喜汽水廠，以及一間位於深水埗欽州街 44 號的中華汽水廠。

同年，香港荳品公司監製綠寶鮮橙汁。到了 1952 年 7 月，該公司的維他奶由鮮奶瓶裝改為汽水瓶裝。到了 1955 年，該公司出品一種紅寶梅子露。

1950 年代，最受歡迎的汽水為屈臣氏的沙示及安樂的提子露。當時酒席上亦以有“屈臣汽水”為時尚。屈臣氏的汽水廠當時位於九龍城宋皇臺道與木廠街之間。

1955 年 7 月，美國的“多益”牌（Tru-Ade）香橙汁上市，標榜為“Not Carbonated”（無汽），每枝售 3 毫。

1957 年，可口可樂改由太古屬下的香港汽水廠監製。

同年 6 月 6 日，另一美國汽水品牌百事可樂在港上市，由香港荳品公司監製。同時，該公司亦由記利佐治街遷往黃竹坑香島道（黃竹坑道）的新廠房。

當年，亦有一紐約汽水廠生產“藍鷹牌”紐約汽水。

1958 年，新奇士橙汁及檸檬汁面世。同時面世的還有一種特大樽裝的“得寶可樂”（Double Cola）汽水，每瓶售 4 毫。

當時市面上的汽水還有：寶利、百寶、亞洲、衛力奶、力奶，及老牌的七喜和玉泉等。不少人當時愛用玉泉忌廉“溝”（混和）安樂園的雪糕磚品嚐，視為佳味。

1 1953 年，綠寶鮮提汁的廣告，該牌子的鮮提汁及橙汁是由香港荳品公司監製者。

2 百事可樂汽水的廣告，1958 年。該汽水當年打入香港市場，是由位於香島道（兩年後易名為黃竹坑道）的香港荳品公司監製者。

3 在香港銷售的新奇士汽水的廣告，1958 年。該汽水是由香港汽水廠監製者。

1960 年的新出品汽水有：士必利和發達（後來分別譯作“雪碧”和“芬達”）。一年後，有新西蘭的豐力奶（Fernleaf）。

約 1965 年，內地的珠江牌汽水輸港發售，味道有橙汁、蘋果、檸汁及白雲（沙示），其特別之處是不需回樽。

1970 年代初，不需回樽的鋁罐裝可口可樂，以及紙盒裝維他奶面世，花多一些錢去換取（不需按樽及回樽的）便利，廣受尤其是年輕一代市民歡迎。當時，亦開始有塑膠瓶一公升裝汽水出售。

**A. S. WATSON & CO., LTD.**
Aerated Water Factory
**DELIVERY NOTE**

Order Dep't, HongKong Telephone No. 700231　發貨單　Order Dep't. Kowloon Telephone No. 620241

NAME: ______　AT No. 029
Address: ______
WAY BILL NO.　Date 22-4-196

| Sym. No. | Doz. | FLAVOUR | | Rate | Amount |
|---|---|---|---|---|---|
| 1 | | Sparkling Orange Large | 大橙汁 | | |
| 2 | | Sarsae " | 沙示 | | |
| 3 | | Lemonade " | 檸檬 | | |
| 4 | | Ice Cream Soda " | 忌廉梳打 | | |
| 5 | | Ginger Beer " | 釀製光啤 | | |
| 6 | | Soda Water " | 中梳打 | | |
| 7 | | Dry Ginger Ale " | 大干羌 | | |
| 8 | | Tonic " | 大湯力 | | |
| 9 | | Super Cola " | 大哥喇 | | |
| 10 | | Bireley's Orange " | 賓利鮮橙汁 | | |
| 11 | | Bireley's Grape " | 賓利提子汁 | | |
| 12 | | Zest Splits Cartons | 橙蜜 | | |
| 13 | | Super Cola Splits | 小哥喇 | | |
| 14 | | Sarsae " | 小沙示 | | |
| 15 | | Lemonade " | 小檸檬 | | |
| 16 | | Ice Cream Soda " | 小忌廉梳打 | | |
| 17 | | Soda Water | | | 9- |
| 18 | | Tonic " | 小湯力 | | |
| 19 | | Dry Ginger Ale " | 小干羌 | | 10.50 |
| 20 | | Ginger Beer & Spk. Orange | 小羌啤及鮮橙汁 | | |
| 21 | | Bireley's "99" | 賓利"99" | | |
| 22 | | Bubble Up " | 百爽 | | |
| 23 | | Bireley's Chocolate " | 賓利朱古力 | | |
| 24 | | DAD'S Root Beer " | [illegible]色 | | |
| 25 | | Bitter Lemon | 甘檸 | | |
| 26 | | Miscellaneous Pints | | | |
| 27 | | SKIP Diet Cola | | | |
| | | SUB TOTAL AERATED WATERS | | $ | 19.50 |
| 1 | | Canada Dry Ginger Ale | 加拿大干羌 | | |
| 2 | | " " Tonic " | " 湯力 | | |
| 3 | | " " Club Soda " | " 梳打 | | |
| 4 | | " " Orange " | 鮮橙汁 | | |
| 5 | | " " Cream Soda | 忌廉梳打 | | |
| 6 | | " " Cola " | 加樂 | | |
| 7 | | | | | |
| 8 | | | | | |
| | | SUB TOTAL AERATED WATERS | | $ | |
| | | GRAND TOTAL AERATED WATERS | | $ | |

| Sym. No. | Doz. | Cordials & Distilled Water | | Rate | Amount |
|---|---|---|---|---|---|
| 13 | | Mixed Fruit | 雜菓汁 | | |
| 14 | | Lime Juice | 檸檬露汁 | | |
| 15 | | Orange | 橙菓汁 | | |
| 16 | | Lemon | 檸檬菓汁 | | |
| 17 | | Grape Fruit | 柚子汁 | | |
| 18 | | Lemon Barley | 檸檬薏米水 | | |
| 19 | | Grenadine | 石榴汁 | | |
| 20 | | Sundry Cordials | 雜項菓汁 | | |
| 21 | | Sunfresh Orange | 新奘橙菓汁 | | |
| 22 | | Sunfresh Lemon | 新奘檸檬菓汁 | | |
| 23 | | | | | |
| 24 | | D/Water Table Size | 一磅樽蒸溜水 | | |
| 25 | | " Carboys | 四加侖蒸溜水 | | |
| 26 | | | | | |
| 27 | | SUBTOTAL CORDIALS & D/WATER | | $ | |
| | | ADD AERATED WATERS | | $ | |
| | | ADD CONTAINER DEPOSITS | | $ | |
| | | SUBTOTAL | | $ | |
| | | LESS CONTAINERS RETURNED | | $ | |
| | | GRAND TOTAL | | $ | |

Certified that GOODS listed herein have been received in good order and that CREDIT RETURNS are correctly recorded.

RECEIVED BY

**Delivered by:**

$19.50

SIGNATURE

| | | CONTAINER DEPOSITS | 按樽 | Rate | Amount |
|---|---|---|---|---|---|
| 1 | | A/Water Bottles | 汽水樽 | 2.40 | |
| 2 | | D. Water & Cordial Bottles | 菓汁骨樽 | 3.60 | |
| 3 | | 4 gall. Carboys | 四加侖樽 | 20.00 | |
| 4 | | 2 Doz. Trays | 兩打木箱 | 1.20 | |
| 5 | | Crates | 木箱 | 5.00 | |
| 6 | | TOTAL DEPOSITS | | $ | |

| | | CONTAINERS RETURNED FOR CREDIT | 退樽 | Rate | Amount |
|---|---|---|---|---|---|
| 7 | | A/Water Bottles | 汽水樽 | 2.40 | |
| 8 | | D. Water & Cordial Bottles | 菓汁骨樽 | 3.60 | |
| 9 | | 4 gall. Carboys | 四加侖樽 | 20.00 | |
| 10 | | 2 Doz. Trays | 兩打木箱 | 1.20 | |
| 11 | | Crates | 木箱 | 5.00 | |
| 12 | | TOTAL CREDIT RETURNS | | $ | |

◀ 屈臣氏汽水廠發貨單，1969 年。購貨者為銅鑼灣軒尼詩道的金馬車飯店。可見所列示多種汽水的名稱。

▲ 北角屈臣道剛重建落成的屈臣氏汽水廠新廈（現海景大廈），約 1972 年。其左方的香港電燈發電廠，於 1980 年代初改建為城市花園屋苑。

# 第八章

# 酒業

華人嗜飲的唐酒（米酒）被稱為土酒及土炮。較早期的唐酒釀酒房，有創設於 1864 年、位於大坑村筲箕灣道（現銅鑼灣道）57 號的民興酒房。後來，有一位於重士街的馮民德酒房。其他釀酒廠房，分佈於堅尼地城、赤柱、筲箕灣、油麻地及紅磡等地。

十九世紀中後期，不少內地酒莊委託香港包括南北行的店舖，代售其出品之名酒，如：潘人和、天寶堂、人和悅、廣興居、永利威，以至上海的蔡同德堂等。稍後，各店紛紛在港開設分店或港棧。

至於香港的酒莊，有禮和祥、杏春園、澍春堂、岐豐行、廣興隆、杏林莊、黃廣善堂、昌源、厚生、甘旨及永生和等。

1 由皇后大道中向上望雀仔街（閣麟街），約 1935 年。正中為位於與士丹利街交界的老牌酒號如意莊。

2 位於德輔道西 207 號與正街交界，二十年代已經營的厚生酒莊，1987 年。（圖片由陳創楚先生提供）

3 1985 年的文咸東街。可見位於 111 號，以龍虎鳳酒馳名的永生和酒莊，其左鄰為彭裕泰及鴻昌泰茶葉莊。（圖片由陳創楚先生提供）

1

2

3

早期的唐酒有：五加皮、露酒、雙蒸、三蒸、糯米酒、玉冰燒、赤米、白朮酒、荔枝酒、青梅酒、茅根酒、毛雞酒及虎骨木瓜酒等。1908 年的售價每斤由 8 仙至 50 仙不等。

當年的酒業公會為“闔港酒務同仁堂”。1925 年，有一“中華酒業聯合總會（工商）”成立。

1860 年代的辦館，已有洋酒出售。當年，不少洋酒行（包括成立於 1864 年的廣和）或洋行辦運各類洋酒來港，並在報章刊登廣告推銷。當時的零售價格如下（以每樽計）：

| | |
|---|---|
| 斧頭嘜三星白（拔）蘭地 | 港幣 2.15 元 |
| 利嬌威士忌 | 港幣 1.05 元 |
| 三角嘜大啤酒 | 港幣 0.37 元 |
| 貓嘜大波打 | 港幣 0.38 元 |

1906 年，皇后大道中 15 號廣和洋酒行，代理及出售的包括：三鞭（香檳）酒、毡酒、車厘酒、砵酒、白馬威士忌、波打酒、佛（法）蘭西紅酒，以及馬爹利拔蘭地等，當年的拔蘭地酒銷售價格如下（以每箱一打計）：

| | |
|---|---|
| V.V.S.O.P.（頂舊老年） | 港幣 90 元 |
| V.S.O.P.（上老年） | 港幣 49 元 |
| 三星 | 港幣 28 元 |

同年，律敦治行（德忌笠街 5 號）代理佐治四世拔蘭地、法國啤酒及波打酒。

千拿士上等波打酒
車輪爲記

能令人身壯力健長壽曾爲歐洲最高等醫學會所稱許天下各處大賽會曾領頭等賞牌總代理人德記拉街第五號律敦治行各中西大洋貨酒舖皆有出售諸君光顧請移玉步

一千九百六年
二月廿七號

▲ 車輪嘜波打酒的廣告，由德己立街律敦治代理，1906 年。

公裕各色酒列

五加皮酒
玫瑰露酒
茵陳露酒
桂花露酒
蓮花露酒
史國公酒
罈頭乾酒
罈頭五加皮
罈頭史國國
罈頭茵陳露
罈頭玫瑰露

本號向在天津選庄各式露酒及五加皮史國公等加料配釀味醇質美更至格外價廉名馳中外善飲者莫不同聲贊賞如蒙士商賜顧請認獅球嘜頭嘗其酒味庶無貽悞也

天津公裕披露

葉春園馳名藥酒
萬應跌打藥酒
參茸衛生藥酒
應驗風濕藥酒
扶元百歲藥酒
婦科毛鷄藥酒
三鞭煲腎藥酒
承辦諸色美酒

光緒卅四年
五月廿五日

香港中環閣麟街廣興酒庄啓

▲ 1908 年，閣麟街廣興酒莊的廣告，可見多種包括藥酒在內的酒類名稱。

請飲東方啤酒

此酒特爲宜熱地土而製清潔香醇功能調和寒熱爲養生者不可少之品各處洋酒肆皆有發沽或直向本公司購取亦可

電話四百七十九號

舖第二百三十八號

發沽處德輔道中五十五五十七號

大東甑麥酒有限公司啟

己酉 五月 十三日

▲ 荔枝角大東甑麥酒（啤酒）廠東方啤酒的廣告，1909 年。

▲ 嘉崙洋行法國獅嘜拔蘭地的廣告，1921 年。

1909 年，政府擬抽本港酒牌餉項（酒稅），南北九八行酒商召集“內英界”內（新界以外）的酒商（包括蒸酒釀酒商及沽酒商），在杏花樓會議，研究對策。

當局於同年徵收酒稅，土酒（或稱為唐酒）每加侖徵 15 仙。酒稅由船政道（海事處）徵收，當局亦常派酒差（警察）查緝私酒。稍後，有市民被緝私酒差控告由輪船帶藥酒 20 斤來港，未有約見稅官，被罰 10 元，藥酒充公。

1909 年，有一大東甑麥酒（啤酒）有限公司。1910 年，香港荔枝角甑麥酒有限公司開張，並在附近的葵涌村開設一間東方釀酒及製冰有限公司，生產 BO 牌麥酒及波打酒。東方公司於 1913 年收盤。

1910 年，連卡喇佛洋行代理“方樽矗皮贊臣威士忌”，在南興隆、昌泰、生泰、千祥及松昌辦館出售。1918 年，各辦館亦出售法國干易（邑）城拈美孖田（Remy Martin）廠（人頭馬）拔蘭地，及紅牌獲克威士忌。

1935 年，施務露酒在報章的廣告標榜可令婦女“乳峰高聳”。

1940 年，已有設於深井青山道十五咪的香港啤酒廠，出產生力啤。日治時代被易名為香港麥精工場及“香港啤酒”。

洋酒於 1942 年中還可在黑市中購得，稍後則絕跡。不少唐酒以“味同拔蘭地”作招徠。

至於唐酒的酒莊酒舖，以至攤檔的生意則十分蓬勃，因以酒來“一醉解千愁”的市民不少。差不多所有酒莊酒舖假日皆照常營業。早期的釀酒原料從南洋一帶運入，後來因來路斷絕加上米價暴升，唐酒價亦大幅跳升。

和平前後的酒莊，有中西區的黃廣善堂、如意莊、永泰祥、八珍、醴泉、萬生、岐豐玉、公興、真棧；西區的義隆、復興昌；東區的醴棧、赤記、聯興、同源棧，以及九龍的陶莊、太平、永和及合發等多間。當時，飲者喜攜酒樽往酒莊，二両、四両地購買，買一樽一斤裝的已屬“豪客”。

梁國英
一等英酒 專賣正藥
CASH MEMO
一九五二年 三月 四日
寶號 先生 光顧

▲ 位於灣仔莊士敦道 185 號菲林明道口，梁國英酒藥行的發票，1952 年。

◀ 由上環荷李活道望東街，約 1955 年。可見益豐及祐德酒莊。

1955 年，港府工商署發牌予新開唐酒莊時，牌照上不再蓋上“只准賣中國酒與亞洲人”的字樣。俟後才可見“你精我都精”，外籍人飲竹葉青酒的廣告。

六、七十年代的茶樓如得雲等，供應予茶客的唐酒有昌源的玉冰燒等。

1957 年，香港五豐行代理貴州茅台酒，在港銷售，每瓶零售價為 4 至 5 元。同時，大量中國酒類，如珠江（橋）牌唐酒及張裕牌金獎拔蘭地等，大量在港銷售。

同時在港銷售的青島及雪花啤酒，與傳統的生力、三馬等，可謂並駕齊驅。當時較高檔的是捷成洋行代理的“藍妹”。稍後流行的有嘉士伯、盧雲堡及百威等。

1960 年代中，生力亦曾生產一種與雪花啤酒鬥便宜的青山啤酒。

洋酒則仍流行戰前的各種牌子。1950 年代後期起，逐漸新增長頸 FOV、拿破崙、百事吉、金牌馬爹利及特醇軒尼詩等多種。

1980 年代起，拔蘭地酒漸被紅酒取代。

◄ 香港仔大道一間兼售酒類的士多，1962 年。

由摩利臣街東望永樂東街，約 1965 年。可見右前方人和悅及黃廣善堂酒莊。這一帶亦有多間糖、油、豆、粉、麵的批發及零售店舖。左上方是清華閣茶室的招牌，以凌晨 4 時開業而馳名。 ►

家光行
日本時欵
中興
各江雜貨
糖荳粉麵
黃廣善堂薑酒
佛山
人和悅
永協隆
中央冰室
印務
有限公司
金源參茸行
謙泰號
糖麵雜貨
華

第九章

# 辦館與西式食物

開埠初期，有多間名為“洋貨店”的辦館，在中環街市附近創設，業務為供應伙食予遠洋輪船，亦向其船員等人購買攜來的洋酒及罐頭等。同時，辦館亦售賣西洋食物、奶類、咖啡、洋酒等予居港的外籍人士。

1886 年，牛奶有限公司成立，在薄扶林區、沙宣道及雞籠灣一帶擁有龐大的牧場和牛房。1892 年，在下亞厘畢道與雲咸街交界，建成一市區牛奶分發處（現藝穗會所在）。該分發處亦出售包括“制”雞、雞項及金山鮮牛肉等各種肉類。

其他公司的牛房分佈於堅尼地域、跑馬地及九龍荔枝角等地。

▲ 位於下亞厘畢道與雲咸街交界的牛奶公司市區發行及銷售處，1919年。所在現為藝穗會。

◀ 薄扶林道的牛奶公司運輸車隊，1919年。

華人經營之辦館，最大規模者是約於 1865 年開業，位於皇后大道中中環街市西鄰的南興隆，該店一直營運至 1930 年代後期才結業。

1890 年代，該一帶的同文街、嘉咸街及興隆街等亦有多間辦館，不少辦館且自備往來泊於維港遠洋輪船的船艇。1910 年，有一間位於干諾道中 41 號的順記辦館，全盤生意連同一艘小輪及多艘舢板，招人承投。

早期用作冷藏的冰塊是由一間名為"Tudor Ice Co."的公司採購自北美洲，貯藏於位處雪廠街與炮台里交界，落成於 1845 年的雪廠（實為冰廠）。該建築物於 1958 年改建為政府合署西座。1883 年，位於堅拿道以機器製冰的維多利亞雪廠公司開始營運後，舊雪廠才停止運作。

1880 年代，包括魯麟等多間外商洋行，代理鵲（雀）巢嘜汽蒸鮮奶（煉奶）、牛乳粉（奶粉）及藍公嘜牛奶。

同時，有包括杜祥記及廣福隆等多間辦館，出售"牛奶糕"（牛油）、果占及各類罐頭。

1 約 1900 年，由域多利皇后街西望皇后大道中。左方閣麟街口的恆芳雀鳥店於 1940 年代轉為三陽醬園，其西鄰為泰盛及均泰洋貨辦館。右方為最大的辦館南興隆，其背後為陳春蘭茶莊。

2 皇后大道中與域多利皇后街（右）之間的中環街市，約 1928 年。租庇利街南興隆辦館的右鄰是樹春堂酒莊。

1

NAM HING LOONG

46. CENTRAL MARKET

2

◀ 牛奶公司位於薄扶林道的辦公樓和牧場入口，1919 年。所在現為職業訓練局訓練中心一帶。

牛奶公司東角冰廠、凍房及 1,600 磅的巨型冰塊，1919 年。▶

◀ 牛奶公司東角冰廠凍房，1919 年。所在現為皇室堡及恆隆中心一帶。

二十世紀初，著名煉奶有瑞士的“企公”(Milkmaid)，及紐約的鷹嘜；而燕窩莊亦出售代乳粉。當時亦有溫厚頓(Van Houten，即金鷹)穀糕(Cocoa，可可)粉，及潘維露穀糕粉，還有司各脫鱉魚肝油。1918 年，各辦館亦出售好立克麥精牛乳粉、勒吐精(力多精)澳洲牛奶粉、嘉利臣(Carnation，三花)花嘜煉奶、蔡家(桂格)麥片和麥粉。

1913 年，牛奶公司發行每張 1 毫的朱古力馬票，於周年大賽的一場賽馬中開彩。

1918 年，牛奶公司合併東角的“香港冰廠公司”，名稱改為“牛奶冰廠有限公司”。1924 年，在該處再建成一座新冰廠。

同年，牛奶公司及一間廣新隆辦館，分銷由一家振新冰鮮公司從內地辦運來港的冰鮮魚。

壹毫朱咕勒馬票

▲ 牛奶公司於 1913 年發行，每張一毫的朱古勒(力)馬票，在報上公佈中獎號碼。此為香港最早發行的馬票之一。

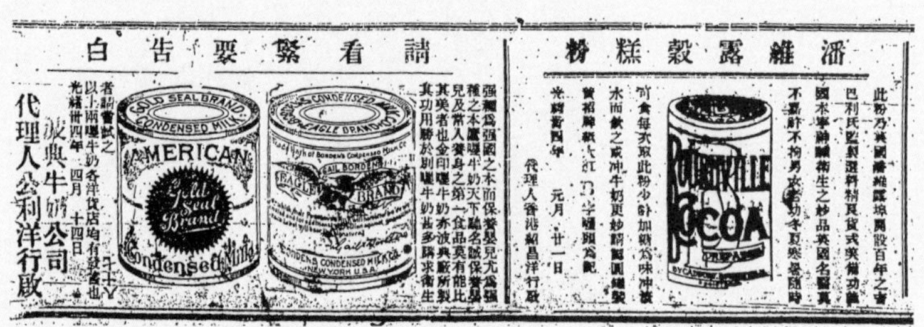


◀ 先施公司辦館部銷售洋酒罐頭，以及鷹嘜、金印嘜煉奶，和潘維露穀糕粉(哈咕或可可粉)。圖為該奶品代理洋行的廣告。

◀ 馳名逾百年的“企公”(Milkmaid)牛乳(煉奶)廣告。

1930年代的著名辦館有：宏記、新廣和、英利行及亞洲公司等。

1935年，市面上的西方產品有：阿華田、能得利啱咕、亞諾（Arnott’s，現稱雅培）牛奶藕粉餅乾。1938年，牛奶公司提供再造奶，每枝售1毫，是以奶粉、牛油及開水再造者。

1941年，位於德輔道中14號的連卡佛百貨公司伙食部，供應豬、牛肉、上等肥雞、力康蛋及黃雞蛋等。

淪陷前的12月22日，港島的激烈攻防戰進行期間，牛奶公司下亞厘畢道的伙食部出售零碎肉食，市民由凌晨起排隊購買，人龍沿雲咸街一直延至皇后大道中。

各公司辦館限制顧客購物，每人限購肉類2毫、罐頭一款、牛油或芝士四分之一磅。

淪陷時期，薄扶林的牛奶公司牧場易名為“香港牧場”；東角的牛奶公司冰廠則易名為“總督部管押冰凍工場”。當時牛奶價格高昂，需憑醫生發出簽證才可購買，往往有證亦買不到。

▲ 約 1935 年的彌敦道。右方為海防道，左方是牛奶公司，現時為文遜大廈。堪富利士道口的安利辦館所在，現為昌興大廈。牛奶公司左鄰亦有一發售洋貨罐頭的九龍士多。

剛和平的 1945 年 8 月 17 日，牛奶公司與連卡佛在雪廠街（稍後遷往德輔道中 12 號皇室行）開設一間大利連超級市場，當時主要製造麵包等食品，供應予從集中營釋放出來之外籍人士。超級市場於 1933 年在美國始創，而大利連是香港首間超級市場。

牛奶公司的另一家超級市場惠康，於 1946 年在德輔道中 67 號 A 爹核行（現永安集團大廈所在）開設。

當時社會上急切需求肉類和乳品，包括牛欄牌及勒吐精奶粉，鷹嘜、壽星公、牛車牌及四牛牌煉奶。部分辦館委託醫院及母嬰健康院派發採購優惠券。

辦館多集中於域多利皇后街、德輔道中、皇后大道中、莊士敦道、英皇道，以及九龍的彌敦道、荔枝角道等。

1973 年起，大利連、惠康及百佳，開始擴展為龐大的超級市場網，在各區大舉開設分店。

1　約 1953 年的德輔道中。右方有表行的一列百年舊樓，於 1957 年改建成萬宜大廈。左方私家車旁是惠康辦館，過了砵典乍街京滬飯店前是亞洲辦館。

2　利源西街前的德輔道中，約 1953 年。右前方為當時著名的通泰辦館，以及時新鮮果香煙店。右下角為香煙代理的萬興行。左方可見《工商日報》及香港私家偵探社的招牌，所在現為永隆銀行。

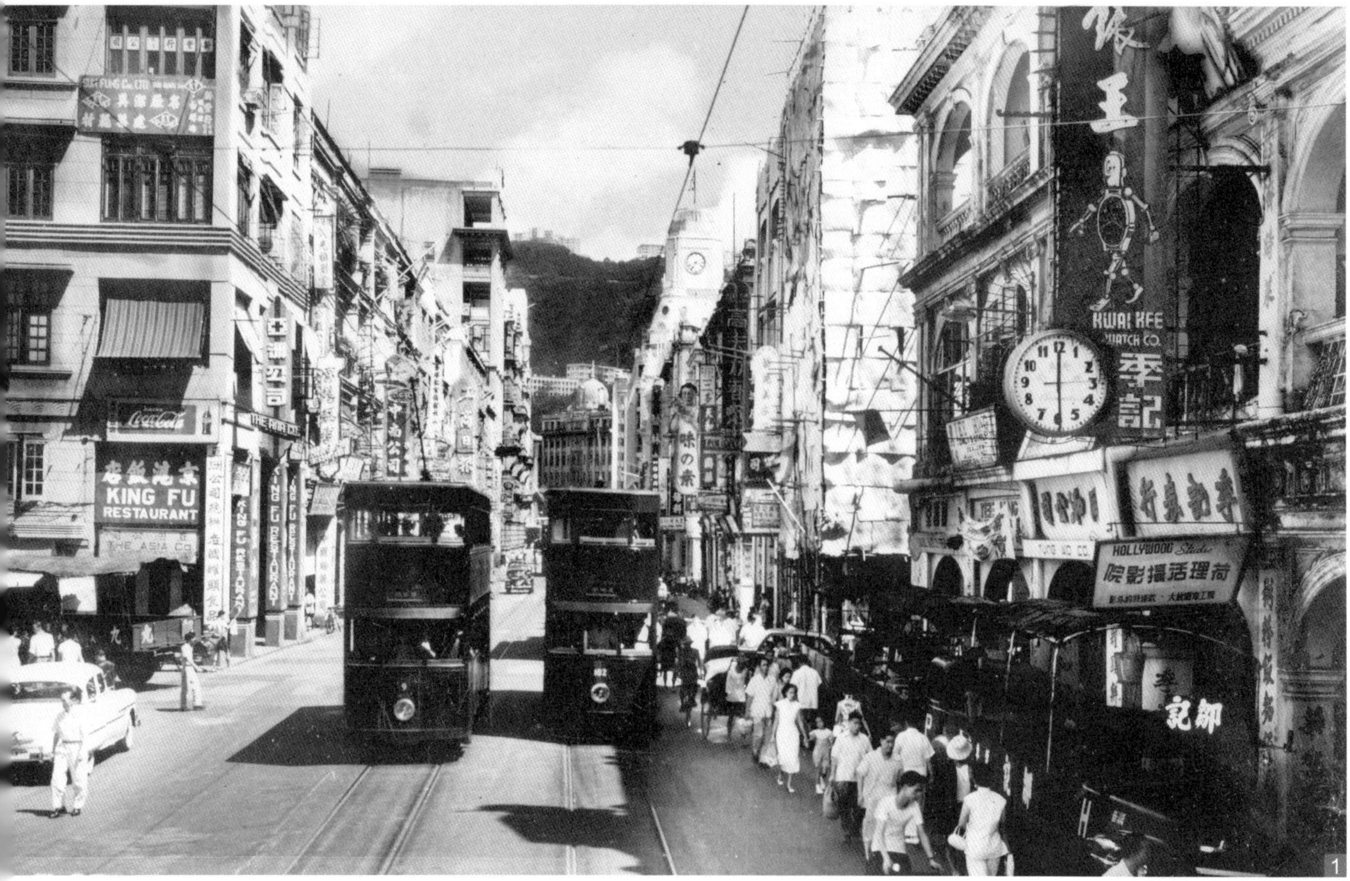
京滬飯店
KING FU
RESTAURANT
Coca-Cola
THE ASIA CO.
中南公司
味の素
KWAI KEE
WATCH CO.
季記
HOLLYWOOD Studio
荷理活攝影院

1

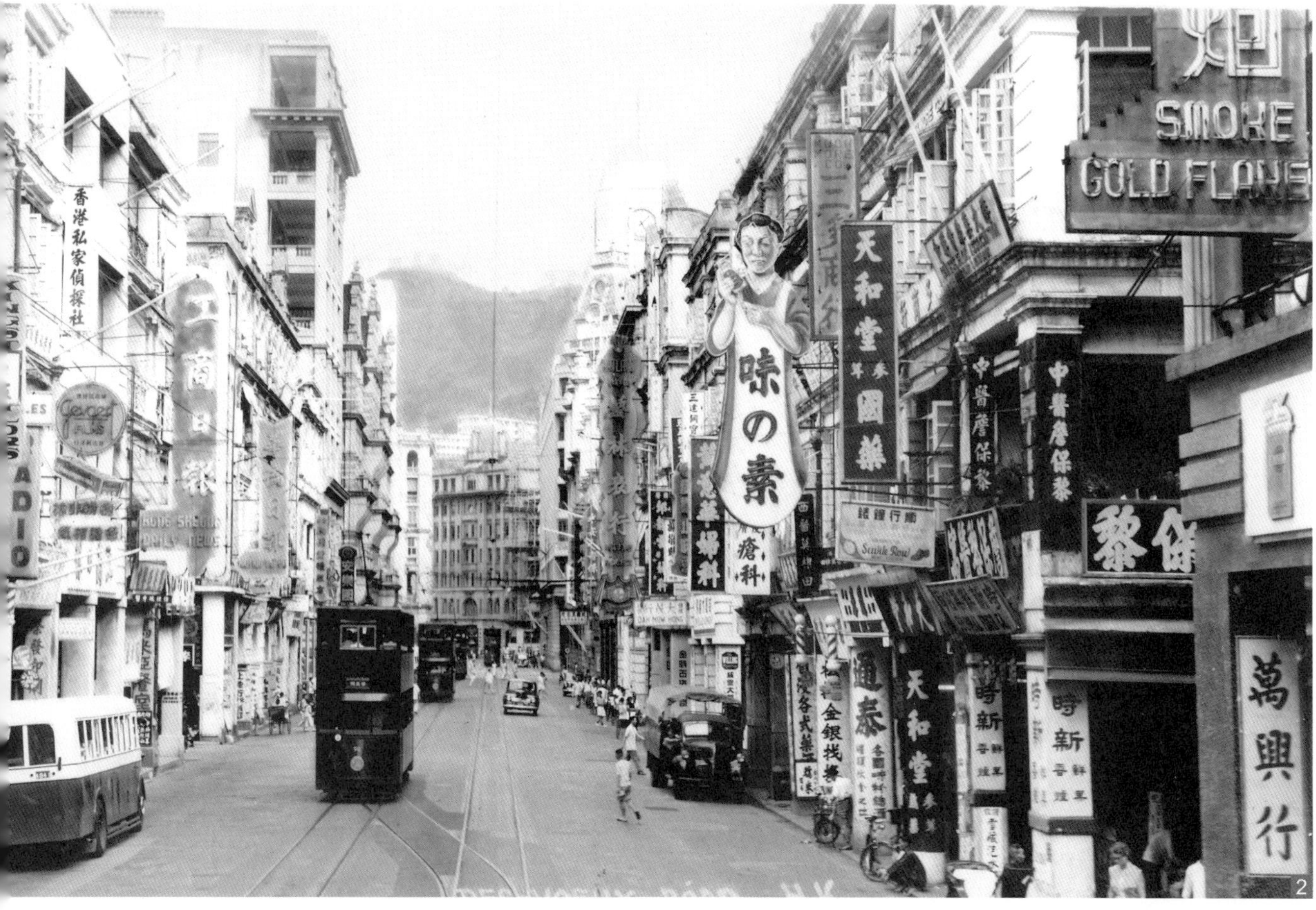
香港私家偵探社
工商日報
RADIO
SMOKE
GOLD FLAKE
天和堂
國藥
味の素
瘡科
中醫膺保蔘
保黎
時新
天和堂
萬興行

2

五、六十年代，較著名的辦館包括：榮生祥、榮陽、均泰隆、捷榮、同順興、通泰、泰和、華昌、永行、合成及鴻昌等，部分於 1970 年代起變身為超級市場。榮陽的主要業務是供應伙食及飲品予抵港的美軍艦隻。

此外，亦有多間名為士多的辦館，包括昌興、北角霖記、何智記及奇香村等。

五、六十年代，有很多小型的士多在各大街小巷開設，服務坊眾。除麵包、西餅、餅乾、汽水、雪糕等外，還出售油鹽、醬醋及糖果等。此外，更提供麻雀牌出租，不少士多還提供送貨及麻雀牌連枱上門。

這些士多於 1960 年代起，不少因廉租的舊樓拆卸而結業。到了 1970 年代，漸被大量開設的連鎖超級市場取代。

1970 年代起的新超級市場有：建煌、國際、百惠、大西洋、兩益及中資的華潤、廣南等。

1990 年代中，大利連全部易名為惠康。

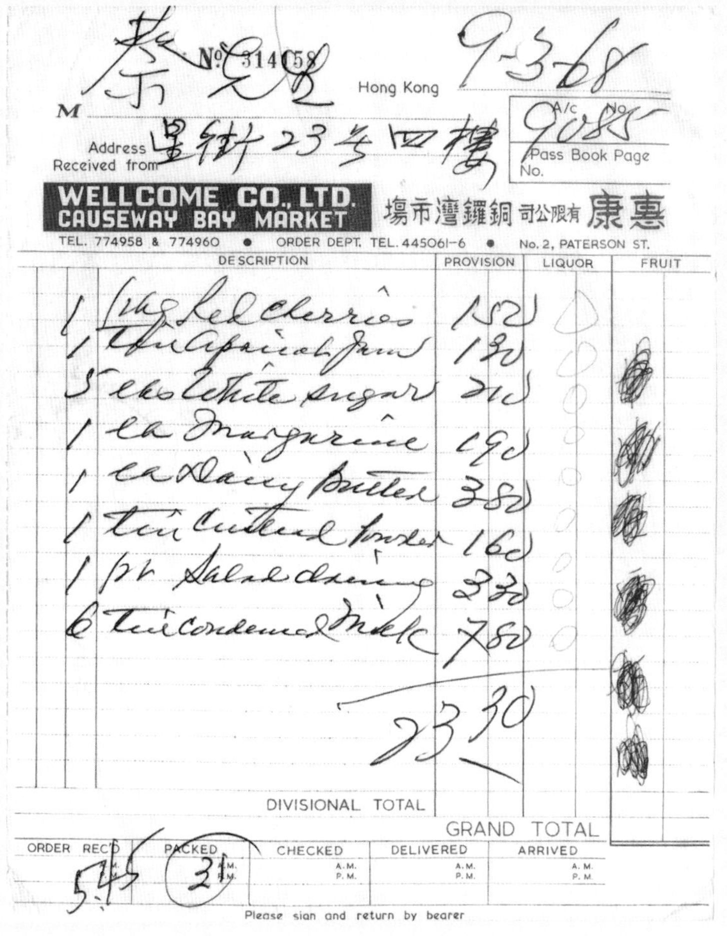

Nº 314158

蔡先生

Hong Kong 9-3-68

M

Address Received from 星街23號四樓

A/c No. 9085

Pass Book Page No.

**WELLCOME CO., LTD.**
**CAUSEWAY BAY MARKET**
惠康有限公司銅鑼灣市場

TEL. 774958 & 774960 ● ORDER DEPT. TEL. 445061-6 ● No. 2, PATERSON ST.

| DESCRIPTION | PROVISION | LIQUOR | FRUIT |
|---|---|---|---|
| 1 pkg Red Cherries | 150 | | |
| 1 tin Apricot Jam | 130 | | |
| 5 lbs White Sugar | 210 | | |
| 1 lb Margarine | 190 | | |
| 1 lb Dairy Butter | 380 | | |
| 1 tin Custard Powder | 160 | | |
| 1 pt Salad dressing | 330 | | |
| 6 tin Condensed Milk | 780 | | |
| | 23 30 | | |
| DIVISIONAL TOTAL | | | |
| GRAND TOTAL | | | |

| ORDER REC'D | PACKED | CHECKED | DELIVERED | ARRIVED |
|---|---|---|---|---|
| 5.45 | 3 A.M. P.M. | A.M. P.M. | A.M. P.M. | A.M. P.M. |

Please sign and return by bearer

◀ 惠康有限公司於百德新街銅鑼灣市場（現 24 小時超級市場）的發票連送貨單，1968 年。

# 第十章

# 西餐廳、冰室與雪糕公司

開埠不久，已有西餐館、餐廳、大菜館和餐室在港島皇后大道中、威靈頓街及嘉咸街一帶開設，招待外國人及本地食客。

不少中外酒店亦供應早期稱為“大菜”的西餐和雪糕。酒店中，有皇后大道中 148 號的鹿角酒店和石塘咀的上海酒店等。1890 年，鹿角酒店的自助餐為每位 3 毫（當時普羅市民月薪為 2 至 3 元）。同年亦有名為品華及西宴館的餐廳。

▲ 由畢打街西望德輔道中，約 1915 年。左方為惠羅公司，過了戲院里是域多利西菜館。右邊"飛龍汽車車房"的左鄰，為位於 27 至 35 號的安樂園餐廳，所在現為安樂園大廈。

1900 年起，有多間位於閣麟街，專營牛奶、"唉士忌廉"（Ice-cream，雪糕）及"蛋黃鮮奶雪糕"的食店，包括位於 6 號的麗真、26 號的陶志園、36 號的永熙興記，以及 40 號的勝記。陶志園後來改營中菜直至 1960 年代，因價廉物美吸引不少公務員光顧。

1912 年，由菲律賓華僑在皇后大道中 100 號開設的馬玉山茶樓餐廳，以及 1913 年開業的安樂園餐廳所供應的雪糕亦頗馳名。另一為牛奶公司冰廠所開設的茶廳。

1910 年代的西餐廳有：中環的威路臣、馨閣、中孚、來安、華樂園、存耻園、萬家春、華美、兼味樓、亞力山打、東園、蘭亭及文園等，大部分位於德輔道中。

此外，亦有位於西區的紅杏林；石塘咀的會芳園、宴桃園，和九龍油麻地的倚芳、華芳及杏香樓等。

二十世紀初，包括愉園、太白樓及名園等遊樂場內，亦有西餐或食品飲料供應，部分為著名西餐廳所經營者。若干間西餐廳亦在馬場經營。

較具規模的西餐廳，還有德輔道中、永樂街交界的怡園、日資的森永、1919 年在舊郵局（現華人行）開業的美利權（American）等。

美利權並在擺花街及皇后大道中 182 號開設分店及飲冰室，並出售藍鵲牌（Blue Bird）糖果餅乾等食品，還經營名為"大光燈"的汽燈。

安樂園及森永亦設有飲冰室。安樂園的飲冰室多開設於戲院（如皇后、新世界及中央）附近。部分飲冰室於 1922 年裝設"機製冷風"（冷氣）。同年亦開始供應雪糕片。

◀ 安樂園餐廳附設之飲冰室開業的廣告，1922 年，當時已有"機製冷風"（冷氣），十分先進，標榜為"港中向所未有"者。

▲ 由皇后戲院東望皇后大道中，約 1935 年。左方的華人行與戲院里交界部分，有占美及皇后餐廳，右方為德己立街口的安樂園餐廳和飲冰室。娛樂戲院左鄰的亞細亞行，樓下為森永餐廳及糖果店。

1924 年，森永遷往皇后大道中與雲咸街交界的亞細亞行。同年，有一著名的威靈頓餐室，位於威靈頓街 90 號 D。兩、三年後，另一著名的威士文餐館（又名“聰明人”，Wiseman）開設於德輔道中 14 號交易行地庫。

1928 年，占美廚房在 1924 年由舊郵局改建而成的華人行開業，美利權亦位於此大廈內。附近的新西餐館，於 1930 年代有多間開設於遮打道的思豪酒店、德輔道中的告羅士打酒店、皇后大道中的香港大酒店、京都酒店及新落成的娛樂及中央戲院內者。還有位於中華百貨公司內的寰翠閣（後來易名為華翠閣）。

1930 年代的西餐廳還有：皇后大道中的東天紅及大利；德輔道中的京滬；馬來亞、龍記、陶然、東園；干諾道中的華人，以及一間於 1941 年開業，位於德輔道中的蘭香室。

九龍區則有位於彌敦道的加拿大、新加坡、永生園及五洲等，以及位於半島、彌敦及新新酒店內者。

1 由利源西街東望德輔道中，約 1938 年。左邊有新海鮮公司西菜館及天華餐室。電車左旁為安樂園餐廳。

2 由威靈頓街下望雲咸街及皇后大道中，1951 年。正中為華人行樓下的美利權餐廳，右方安蘭街口有著名的順記雪糕店。

1

2

淪陷初期，包括安樂園、實翠閣、麗都、東天紅、京滬、思豪酒店、龍記、東園及蘭香室等餐廳仍然營業；安樂園及安樂廠仍生產汽水，市面上仍有菲士蘭雪糕出售。

到了 1944 年，因食材短缺、物價高漲、稅項高昂，業者被指瞞稅則遭重罰，中西食肆紛紛結業。

1945 年，牛奶公司位於銅鑼灣記利佐治街的冰廠，被改名為“南日本漁業統制株式會社”，但卻批發“大公司雪糕”。

和平後至 1950 年代，大部分西餐廳復業，亦有不少新餐廳開設，包括以豉油西餐馳譽的太平館，其出品有燒白鴿、煙鯧魚、焗龍蝦及禾花雀。

此外，還有同位於德輔道中的大中華、新國民英華、天華；皇后大道中的京華飯店、艾菲餐室、金門、美蘭及奇香村；干諾道中的惠安及虫二（暗喻“風月無邊”）等多間。亦有一間由福祿園變身的西餐館“嘗新”。東區則有灣仔的美施茗園、勳寧、以童子雞及羊城貓麵馳名的美利堅；銅鑼灣的金雀；北角的英園、皇后、美華及夏蓮等。

九龍則有彌敦道旺角道口的愛皮西（ABC）（大成）飯店、百樂門、南風、茶香室及銀宮；上海街的新廣南；廟街的美都，還有 1955 年開業的瓊華酒家的西餐廳。

新界的西式食肆有設容龍別墅及青山酒店和沙田酒店內者。還有沙田墟的士巴餐廳及牛奶公司酒吧。生產牛奶公司及維他奶的香港荳品公司亦在港九開有若干間餐室和餐廳。

愛皮西大成飯店
鐵定明天開幕
九龍彌敦道一七九號 電話：五八二四一
特設：中西酒菜 西餅麵包 婚壽禮餅 各式糖菓 各界光顧 無任歡迎
注意：
開幕大贈送

1

1 愛皮西（ABC）大成飯店開幕廣告，1950 年。

2 由德忌利士街西望德輔道中，約 1952 年，右方可見著名的馬來亞、天華及東園餐室。

3 由登打士街北望彌敦道，約 1962 年。右方可見 ABC 飯店分店，左中部的瓊華酒樓亦設有西餐廳。

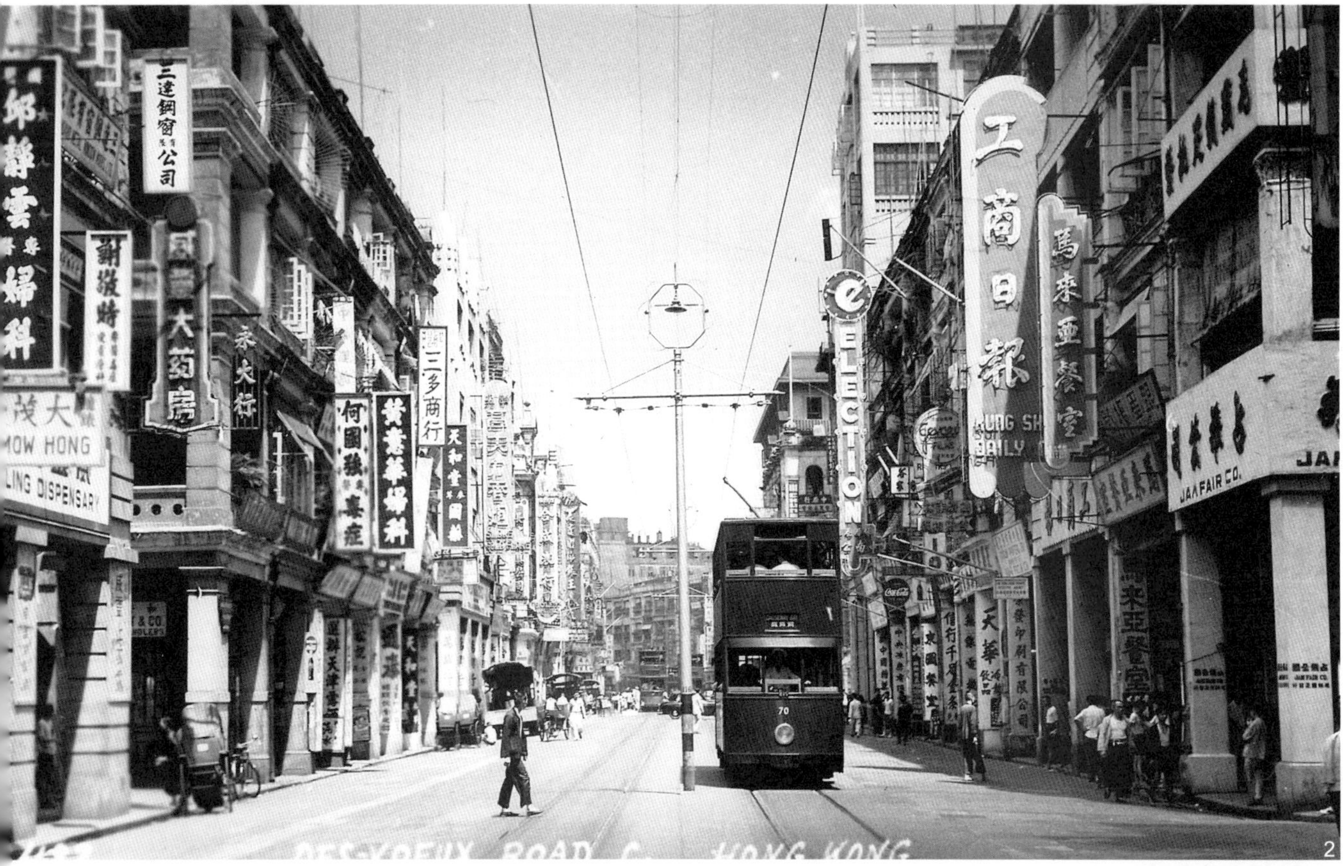
三達鋼窗公司
三多商行
大藥房
何國強毒症
黃慧華婦科
MOW HONG
LING DISPENSARY
ELECTION
工商日報
馬來亞餐室
JAAFAIR CO.
HONG KONG
2

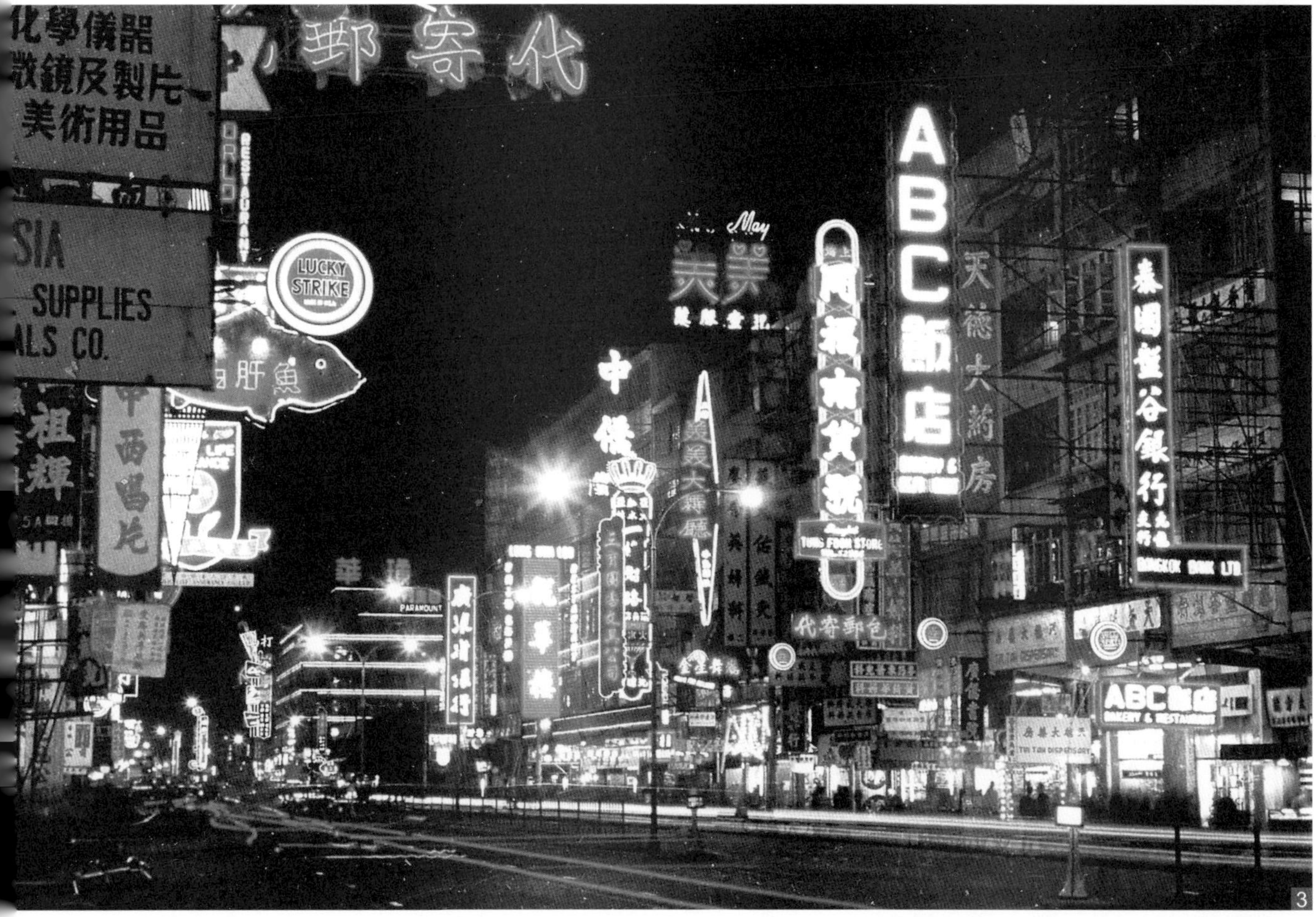
化學儀器
顯微鏡及製片
美術用品
代寄郵
SIA
SUPPLIES
ALS CO.
LUCKY STRIKE
魚肝油
中西唱片
May
ABC飯店
天德大藥房
泰國盤谷銀行
BANGKOK BANK LTD.
代寄郵包
PARAMOUNT
ABC飯店
BAKERY & RESTAURANT
3

戰後，不少社會精英階層、醫生、律師及會計師等，喜往美利權、香港大酒店及附設的鱷魚潭茶座、威士文餐廳及占美廚房等，享用下午茶及餐飲美食。

位於連卡佛大廈（前名“交易行”）地庫的威士文餐廳，於 1956 年轉變為美心餐廳。

▲ 美心餐廳的廣告，1958 年。

1957 年，位於中環萬宜大廈及尖沙咀香檳大廈的紅寶石餐廳開業，皆設有一流音響播放古典音樂。同年開幕的，有位於彌敦道山林道口的俄國菜館車厘哥夫餐廳，其寬闊舖面出售種類極多的麵包及西式糖果和朱古力，令人印象深刻。當時另一著名俄國菜館為太子道的雄雞飯店。

1958 年，位於剛落成的興瑋大廈地舖的安樂園餐廳，陳列一座巨大的全自動製熱狗機，當時每件熱狗售 5 毫。

同時期，普羅大眾的冰室、咖啡室，在中上環區有被稱為“蛇竇”的樂香園、雷霞、新元、大眾、荷李活、耀光、大同福、鴻記、華樂、萬棧、啟興、譚燦記、妹記及海安等。位於干諾道西的海安及東街的華樂及樂香園現仍營業。

▲ 位於彌敦道 188 號的俄國大菜（西餐）館車厘哥夫飯店的開幕廣告，1957 年。

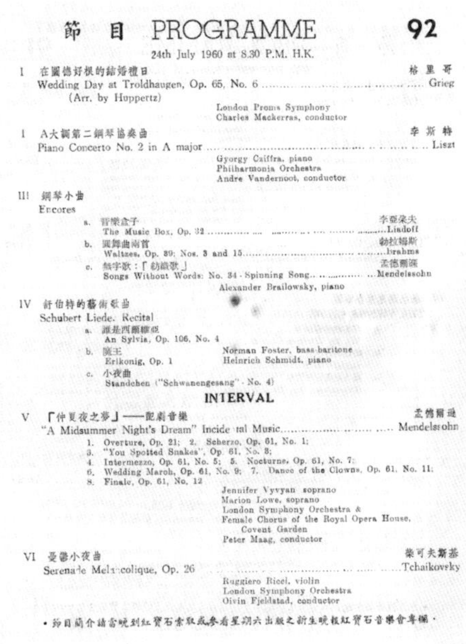

節 目 PROGRAMME 92

24th July 1960 at 8.30 P.M. H.K.

I 在圖德好根的結婚禮日 格 里 哥
Wedding Day at Troldhaugen, Op. 65, No. 6 ........................ Grieg
(Arr. by Huppertz)
London Proms Symphony
Charles Mackerras, conductor

I A大調第二鋼琴協奏曲 李 斯 特
Piano Concerto No. 2 in A major ........................ Liszt
Gyorgy Cziffra, piano
Philharmonia Orchestra
Andre Vandernoot, conductor

III 鋼琴小曲
Encores
a. 音樂盒子 李亞朵夫
The Music Box, Op. 32 ........................ Liadoff
b. 圓舞曲兩首 勃拉姆斯
Waltzes, Op. 39; Nos. 3 and 15 ........................ brahms
c. 無字歌：「紡織歌」 孟德爾遜
Songs Without Words: No. 34 - Spinning Song ........................ Mendelssohn
Alexander Brailowsky, piano

IV 舒伯特的藝術歌曲
Schubert Liede. Recital
a. 誰是西爾維亞
An Sylvia, Op. 106, No. 4
b. 魔王
Erikonig, Op. 1
Norman Foster, bass-baritone
Heinrich Schmidt, piano
c. 小夜曲
Standchen ("Schwanengesang" - No. 4)

**INTERVAL**

V 「仲夏夜之夢」——配劇音樂 孟德爾遜
"A Midsummer Night's Dream" Incide tal Music ........................ Mendelssohn
1. Overture, Op. 21; 2. Scherzo, Op. 61, No. 1;
3. "You Spotted Snakes", Op. 61, No. 3;
4. Intermezzo, Op. 61, No. 5; 5. Nocturne, Op. 61, No. 7;
6. Wedding March, Op. 61, No. 9; 7. Dance of the Clowns, Op. 61, No. 11;
8. Finale, Op. 61, No. 12
Jennifer Vyvyan soprano
Marion Lowe, soprano
London Symphony Orchestra &
Female Chorus of the Royal Opera House,
Covent Garden
Peter Maag, conductor

VI 憂鬱小夜曲 柴可夫斯基
Serenade Mel: colique, Op. 26 ........................ Tchaikovsky
Ruggiero Ricci, violin
London Symphony Orchestra
Oivin Fjeldstad, conductor

• 節目簡介請當晚到紅寶石索取或參看星期六出版之新生晚報紅寶石音樂會專欄 •

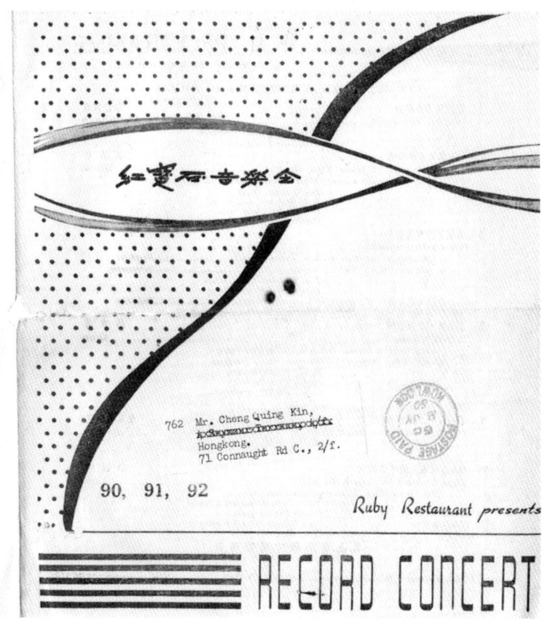


節 目 PROGRAMME

10th July 1960 At 8.30 P. M. H.K.

SPECTACULAR STEREOPHONIC SOUND

I 芬格爾山洞序曲 孟德爾遜
Fingal's Cave Overture ........................ Mendelssohn
Chicago Symphony Orchestra
Fritz Reiner, conductor

II G小調風琴協奏曲 韓 德 爾
Organ Concerto in G minor, Op.4, No. 3 ........................ Handel
Three Movements: Adagio; Allegro; Adagio - Gavotte (Allegro)
Karl Richter, Organ
Fritz Sonleiter, solo violin
Fritz Kiskalt, solo 'cello
Chamber Orchestra, directed by Karl Richter

III 大提琴獨奏的小品
Pieces pour violonce le
a. Mouvement perpetuel - transcr. Julius Klengel ........................ Paganini
b. Reverie, Op. 15, No 7 ........................ Schumann
Paul Tortelier, violoncelliste
John Newmark, pianiste
c. Marche, Op. 65 (extrait de "Musique pour enfauts" ........................ Prokofiev
Paul Tortelier, violoncelle seul

IV 「培爾・金特」第二組曲 格 里 哥
Peer Gynt Suite No. 2 ........................ Grieg
Ingrid's Lament; Arabian Dance; Return of Peer Gynt;
Solvejg's Song; Dance of the Mountain King's Daughter
Eileen Farrell, soprano
Boston Pops Orchestra
Arthur Fiedler, conductor

**INTERVAL （休 息）**

V 「一八一二」序曲 柴可夫斯基
1812 Overture ........................ Tchaikovsky
Chicago Symphony Orchestra
Fritz Reiner, conductor

VI 降E小調第一鋼琴協奏曲 李 斯 特
Piano Concerto No. 1 in E flat Major ........................ Liszt
Four Movemdnts: Allegro maestoso; Quasi adagio;
Allegro vivace; Alldgro marziale animato
Gyorgy Cziffra, piano
Paris Conservatoire Orchestra
Pierre Dervaux, conductor

以上全部是立體聲錄音

SAMUEL LEE Sound system Programme arranged by CHAN HO CHOI

節 目 PROGRAMME 91

17th July 1960 at 8.30 P. M. H.K.

I 「麥卡度」前奏曲 蘇 利 文
The Mikado - Overture ........................ Sullivan
Symphony Orchestra
Alan Ward, conductor

II 降B調第二協奏曲 韓 德 爾
Concerto No. 2 in B flat major from "Six Concerti Grossi Opus 3" ........................ Handel
1. Vivace 2. Largo 3. Allegro
4. Andante allegro 5. Andante
Boyd Neel Orchestra
Boyd Neel conductor

III 抒情組曲 格 里 哥
Lyric Suite, Op. 54 ........................ Grieg
Shepherd Boy - Norwegian Rustic March - Nocturne - March of the Dwarfs
Boston Pops Orchestra
Arthur Fiedler, conductor

IV 維也納兒童合唱團
THE VIENNA CHOIR BOYS
a. 那裡的檸檬盛開 史腔芬斯
We die Zitronen Bluh'n ........................ J. Strauss
b. 睡吧我的小王子 費 拉 斯
Schlafe Mein Prinzchen ........................ Bernhard Flies
c. 維也納森林的故事 史腔芬斯
G'Schichten Aus Dem Wienerwald ........................ J. Strauss
THE VIENNA CHOIR BOYS
Helmuth Froschauer &
Xaver Meyer, Conductors

**INTERVAL**

V G小調奏鳴曲「魔鬼的顫音」 塔 蒂 尼
Sonata in G minor ("Devil's Trill") ........................ Tertini
- arr. Kreisler
David Oistrakh, violin
Vladimir Yampolsky, piano

VI C大調第一交响曲 比 才
Symphony No. 1 in C major ........................ Bizet
Four Movements: Allegro vivo; Adagio; Allegro vivace; Allegro vivace
French National Radio Orchestra
Sir Thomas Beecham, Bart, C.H. conductor

• 節目簡介請當晚到紅寶石索取或參看星期六出版之新生晚報紅寶石音樂會專欄 •

▲ 萬宜大廈紅寶石餐廳的唱片音樂會節目表，1960 年。

在荷李活道有一間橋香冰室兼售月餅，並舉辦月餅會。月供1元，一年後可獲五筒每筒四個的月餅（用紙捲成一筒），深受街坊歡迎。

此外，還有位於乍畏街（蘇杭街）的葉林記冰室，於秋冬時兼營蛇宴，每晚皆食客盈門，十分旺場。

東區則有廣來、傑記、錦園及祥興等。當中一間位於怡和街豪華戲院樓下的茶餐廳，方便相約看電影的男女，相信是現時流行之茶餐廳始祖。位於修頓球場對面，莊士敦道的傑記，於1960年代中改為以海鮮馳名的雙喜樓小館。

至於九龍區則有彌敦、虹虹、新合記、品園、荔園及西子等多間餐廳，還有一間位於土瓜灣道的白宮餐廳。

咖啡室及冰室的熱飲售3至4毫；鮮奶及刨冰售5至6毫；牛奶麥皮或燉奶4毫；三文治或克戟售3至4毫；通心粉為8毫至1元。當時最受歡迎的是蓮子冰及鮑片通心粉。安樂園飲冰室的價格則貴1至2毫。當時"飲西茶"的消費較茶樓或茶居"一盅兩件"的消費為昂貴者。

不少冰室亦在門市售賣麵包，每個1毫，雞尾包則1毫半兩個，西餅售3毫，蛋撻、椰撻售2毫。德輔道中萬宜大廈的蘭香室，發售1元一打的蛋撻，整天有長龍輪購。

以奶類為主打的飲冰室有永吉街的人興；皇后大道西的大東；油麻地的廣利及澳洲等，還有以即食麵知名的百吉。

▲ 由半島酒店望彌敦道，約 1950 年。左邊中間道口的星光酒店，以及右邊現帝國酒店所在的玫瑰酒店，均設有餐室。玫瑰酒店左方為"重慶市場"（現重慶大廈）。

1970 年，戲院里畢打行"蛇竇"熱飲為 4 毫、雞批 4 毫、烘檳（bun）3 毫、餐包 1 毫，花費 1 元即可享受甜美和溫飽，可見由和平後至 1970 年代初，幾乎沒有通漲。

以雪糕馳譽的除安樂園、牛奶公司、甄沾記等食肆外，還有一間位於雲咸街 10 號的順記，很多"識食"人士認為是最佳者，與甄沾記的椰子糖和雪糕，同樣令人回味。

上述食肆連同菲士蘭及芬蘭等雪糕公司，於 1950 年代出品各類品種的雪糕，如雪糕磚、雪糕批、蓮花杯、冰糕條和雪條等。

每件售 4 毫的雪糕磚，"溝"以忌廉汽水，可供一家 4、5 人享用，甚受歡迎。但當時的兒童恩物，則為每枝售 1 毫的雪條，引致多間包括香港荳品公司、寶寶、芬蘭、可樂、紐約，及牛奶公司等，紛紛推出新雪條產品。

除口味外，各公司還在雪條桿上花心思，包括集齊不同字樣者可換贈品，或用塑膠製

▲ 位於威靈頓街鏞記酒家對面，被稱為"蛇竇"的第二代樂香園咖啡室，2009 年。

成刀槍劍戟等。維他雪條一度附送三國演義人物的“公仔紙”以作促銷。

五、六十年代，還有一種在工展會才有，用紙盒裝載，每件售1毫的合眾雪糕。1960年代，亦有每件售1毫的“孖條”。同時，開始流行每個售5毫的“甜筒”雪糕。

1970年代後期，牛奶公司在港九多個旺區的分店開設“雪糕屋”，有十多個不同品種供顧客挑選，很受歡迎，但數年後便全線結束。

由1950年代起，港九有多間分行的皇上皇臘味店，以冬天賣臘味，夏天賣雪糕及燒春雞為宣傳，很多人喜往品嚐，可是到了1960年代中亦紛紛結業。

▼ 淺水灣畔海景泳屋內的海景餐廳宣傳卡片，約1952年。（正面及背面）

SEAVIEW RESTAURANT
Beach Road, Repulse Bay
HONG KONG
TEL. NO. 92411
92412


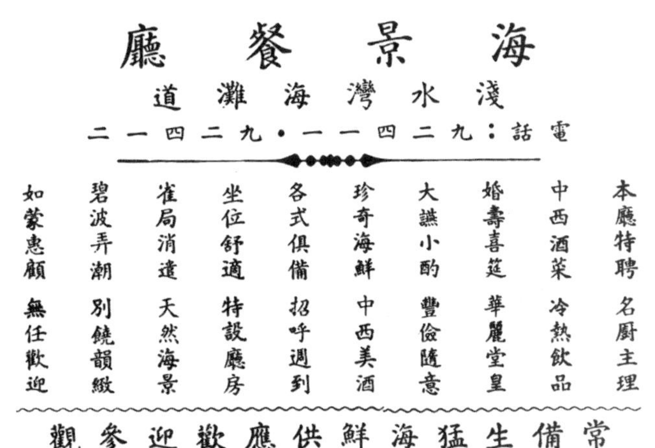

海景餐廳
淺水灣海灘道
電話：九二四一一·九二四一二
本廳特聘 名厨主理
中西酒菜 冷熱飲品
婚壽喜筵 華麗堂皇
大讌小酌 豐儉隨意
珍奇海鮮 中西美酒
各式俱備 招呼週到
坐位舒適 特設廳房
雀局消遣 天然海景
碧波弄潮 別饒韻緻
如蒙惠顧 無任歡迎
常備生猛海鮮供應歡迎參觀

# 第十一章 酒樓與酒家

本港第一間茶樓杏花樓，於 1846 年在威靈頓街與鴨巴甸街交界開業，稍後遷往上環皇后大道中 325 號，並改為酒家經營。此位於“太平山娼院區”及“水坑口風月區”的花筵館，亦為“徵歌選色”的場所。很多大機構亦在此召開股東年會。1931 年，該店易名為杏花春，一年後結業。

位於杏花樓附近的上環街市，於 1858 年落成，該一帶因而有不少茶肆酒館。1860 至 1870 年代，《循環日報》的主筆王韜，不時與友好往登樓啜茗，並品嚐魚生粥等食物。

風月區一帶的酒肆，有太平山街的品花樓、姑蘇樓、品元樓；荷李活道的美香樓及鳳仙樓；皇后大道西的倚紅仙館、陶陶居以及位於水坑口街的聚南樓，和開業於 1886 年的宴瓊林等。

# 杏花樓

茲將本樓午敘小酌酒茶菜麵價水俱在價內列於左

**壹員**
菜二半賣
爽肉絲炒麵一賣
紅瓜子一碟
色酒壹壺
名茶四盅

**壹員半**
鷄蓉生翅半賣
菜壹半賣
紅瓜子二碟
色酒一壺
名茶四盅
爽肉絲炒麵一賣

**式員**
鷄蓉生翅半賣
菜三半賣
紅瓜子一碟
色酒一壺
名茶四盅
楊洲小窩一個

**二員半**
鷄蓉生翅半賣
菜三半賣
冷葷二個 皮旦
色酒二壺 蝦淅
紅瓜一碟
名茶四盅
楊洲小窩一個
點心一度

**三員**
鷄蓉生翅半賣
菜四半賣
熱食二個
冷葷二個 皮旦
色酒二壺 蝦淅
紅瓜子一碟
名茶伍盅
楊洲小窩一個

**三員半**
鷄蓉生翅半賣
菜四半賣
熱食四個
冷葷二個 皮旦
色酒二壺 蝦淅
紅瓜子一碟
名茶六盅
楊洲炒飯半賣
點心一度

**四員**
鷄蓉生翅半賣
菜四半賣
熱食四個
冷葷色酒各二 皮旦蝦淅
紅瓜子一碟
名茶六盅
點心一度
五柳居魚一條
楊洲炒飯半賣

菜式麵食任揀各半賣列○各小碗列
炒鴨片 京都溜干菜 鷄蓉小燕
炒排骨 九王會鮑絲
炒生魚片 杏仁豆腐 海秋魚根
炒棉羊絲 醋溜蚧 金銀鮮合
炒蝦仁 什錦鴨羹 珍珠魚皮
炒鴨掌 草菇川鴨片 蝴蝶海參
炒响螺 金錢冬菇
豆豉魚 冬瓜露 火腿榆耳
荔枝魚 燉冬菇 湯泡肚
醋溜魚 鷄蓉魚頭 炒滑鷄片
切肉蚧 鷄蓉魚頭
芙蓉蚧 火腿冬瓜 炒芽菜鴨片

○炒麵食開列
楊洲炒冷飯半賣 楊洲小窩米粉一個
楊洲小窩麵一個 瘦肉絲炒麵一賣
肉絲炒米粉一賣 鮮蝦水餃子三十隻

單價計算或不要生翅任揀別菜隨意方便倘客多衆除額例每位加茶水銀三分

本樓菜式太多不能盡錄如欲加添照此

杏花樓自記謹識

# 杏花春新菜又出

本酒家為酬謝 貴客雅誼起見。特創製晚飯時菜十種。由午後四時至八時止。每種原值一元以外者。一律減收五毫。逾期照收原價。早已備蒙 各界君子賞識矣。玆更換應時新菜十種。較前尤佳。請嘗試之。

◎（外賣一律加二）

◈菜名臚列◈

雲腿燕滑鷄 雪影銀鞭 鮑魚會鷄絲
鳳肝帶子 虎穴蟠龍 婆參燉鴨
走油田鷄 五柳烏魚 龍吐金錢
蚧鉗榆耳

電話二七一五五

上環大馬路杏花春酒家謹啓

# 何必萬錢箸下

昔何曾萬錢下箸。可知宴會之豪。然盛筵雖再。曷若另翻花樣乎。樂陶陶酒家。現於每日下午三時。新製五元十碗上菜。價廉味美。實為目下之當行出色云。菜式列下。花交鳳胎絲。米枝燉鷄。銀條鮑片。大地田鷄。茄汁鱸魚塊。雀肉燒肝卷。鳳尾鷄絲。燉金銀鴨。西湖燕子。鸞鳳和鳴。

**價廉味美的新菜九大件**

◎每桌二十元外賣加二元

蚧蓉生翅 麒麟鮑片 羅漢扒鴨
金華石班 鹽焗肥鷄 廣肚乳鴿
大地田鷄 燕戲西湖 山渣奶露
二上熱葷 點心一度

四樓座位大加改良特設廉價時菜每款二毫。三四樓日市纖茶五先

樂陶陶酒家啓

1　1895 年，上環皇后大道中 325 號杏花樓酒家的菜單廣告，計有由 1 元、1.5 元至 4 元的高低檔消費，除粉、麵、飯外，也有魚翅及多款小菜，小菜份量分有“半賣”及“小碗”。當時“一賣”指供一圍酒席 12 個人享用者，“半賣”，即“一賣”的一半，即半席。

2　由杏花樓易名的杏花春酒家的菜式廣告，1931 年。

3　位於德輔道中的樂陶陶酒家的廣告，1931 年。包括 5 元十碗的上菜，及每桌 20 元九大件（度）菜式的筵席。

由德忌利士街西望德輔道中，約 1916 年。右方為陶陶仙館酒樓。電車旁為砵典乍街。

位於上環德輔道中 257 號與禧利街交界，於 1920 年代開業，最早以脆皮燒鵝享譽的公團酒家，攝於 1925 年。該酒家的分店設於德輔道西 18 號與南北行街（文咸西街）交界。公園的左鄰可見大雅酒樓，以及新會商會樓下的永樂園酒家。

當時的酒樓酒家，供應午敍小酌的茶菜飯麵，及花局和夜局的晚宴（早期分為頭圍及尾圍）。亦有專營晚宴的酒樓於下午5時才開門者。

1903年，當局飭令水坑口區的妓院娼寮，限期於1906年遷往新開發區石塘咀。作為"配套"之花筵館的酒樓酒家，如宴瓊林、聚南樓及觀海樓等亦隨同遷往。不少無力跟隨者，如瀟湘館、探花樓、金芳園、冠英、敍馨樓、陶然及賽芳等，則漸次結業。若干家酒樓且供應馬車或人力車，接載飲客由水坑口至石塘咀。

不過，亦有多間新酒樓酒家在石塘咀開業，不少為大規模者，當中包括洞天、亦陶陶、醉瓊林、聯陞、澄天、香江、會樂、陶園、香海、共和、珍昌、金陵、頤和、中國、太湖、萬國及廣州等。

這些配合妓院而設的花筵館酒肆，是供尋歡作樂塘西尋芳客（又稱飲客）"開筵坐花、飛觴醉月"的"銷金場所"。全盛時期的1922年，石塘咀共有二十多間，這些酒樓酒家的行會（公會）為"公慶堂"。

該等一流的宴飲場所，亦為商家的聚會和交際場合，包括1912年宴請孫中山先生及1922年提供宴請英國愛德華皇儲的酒席。

至於其他地區的酒樓酒家，由二十世紀初起，有位於中區的一品陞、冠南及日香等。到了1920年代則有大三元、南園、太和、武昌、南唐、金華以及多度舉辦滿漢全席的大同酒家等。

▼ 在1924年開業，位於華人行頂樓南唐酒家的發單。可見當時的菜價：紅燒鴨1.7元、炸田雞腿2元、粟米羹4毫、炒飯3毫、麵包1毫、茶8毫、檳榔及清水4毫、皮蛋薑4毫等。該酒家有一對當時馳譽的門聯："建偉業於港，修昔事乎廬"，下聯實為"Successful"的音譯。南唐酒家於1927年轉變為大華飯店。

67

蒙 貴客 位用 廳

歲茶　麵食　酒　汽水　生菓　紅瓜　炒飯

檳水　烟　芥醋

共該銀

月 日

大道中 南唐酒家單

（德律風局總四六三二號）

1935 年 7 月 1 日起香港正式禁娼後，大部分石塘咀酒家結業，只餘下陶園、珍昌、金陵及廣州。前兩者於淪陷時期結業，餘下的金陵則營業至 1960 年，廣州則約於 1970 年結業。

不過，亦有多間新宴飲酒家在港九開業，包括港島的金龍、大明星、銀龍、五羊、金城、華南、大華、建國、新紀元、江蘇、國民；灣仔的英京、大三元、新亞，以及九龍的金唐、大觀、彌敦酒店及新新等多家。

戰前已有海鮮艇在香港仔經營，於和平後的 1950 年代，變身為華麗的海鮮舫，包括漁利泰、太白及海角皇宮，到了 1970 年代中再增加一艘珍寶。

▲ 位於德輔道中 26 號昭隆街口，中華酒家的廣告，1931 年。開列 1.5 元至 2 元一個人全餐的食品，以及由 3 元至 7 元供三至七人消費小酌的菜式和食品。

▲ 香港仔鴨脷洲，約 1948 年。前方可見四艘第一代的海鮮舫，最左邊的一艘是“漁利泰”。

大中國酒家改良時菜

本酒家酒菜豐腴，茶點精美，久為各界君子所賞識矣，茲更將時菜改良，每碟原值一元以外者，一概收五毫，仍定每日午後四時起至八時止，外賣加二，請嘗試之。

△菜名臚列▽

雪影銀鱺　走油田雞　雲腿蒸滑雞
鳳肝帶子　蚧粉榆耳　鮑魚會雞絲
婆參燉鴨　龍吐金錢　虎穴藏龍
五柳烏魚

電話（二五〇二二）（二五〇六二）

上環街東路大中國酒家謹啓

▲ 大中國酒家的廣告，1931 年，當時小菜每種售 5 毫。

推陳出新

十大件（每桌卅八元外）（賣到會加二元）

鴻圖鮑翅　掛爐燒雞　輕扣淡羅衣
流星鮑片　瑞集丹墀　嫣紅百花鴿
鳳爪梅花　崑崙石斑　合桃酥乳酪
龍躍鳶飛　四熱素　二京菓　二生菓

威靈頓街南園　鵝頸橋大三元
石塘嘴文園　德輔道大三元
油蔴地大三元

（同啓）

◀ 南園、文園（石塘咀遇安台）及包括鵝頸橋軒尼詩道的三間大三元酒家，每桌 38 元，十大件菜式的廣告，1931 年。

▲ 香港仔漁利泰海鮮舫，約 1949 年。

太白（左）、珍寶及海角皇宮（右）三艘海鮮舫，以及位於湖南街的駁船、駁艇登船處，1976 年。▶

JUMBO
SEA PALACE

淪陷初期，包括銀龍、新紀元、大同、金華、大景象、江蘇、仁人、建國、大華及悅興等多間酒家照常營業。但後來，日軍當局徵收種種飲食雜稅，加上停電和食物缺乏等因素，酒家紛紛結業，部分包括仁人等的酒家被改作稱為“娛樂場”的賭場或舞場。

和平後，大部分戰前的酒家復業，亦有多間新酒樓酒家開設，較著名的有中上環的中國、新光、龍門、珠江、鑽石、月宮、山海、特別山珍及月宮；東區的大成、洞天、頤園、悅興、萬有、金魚菜館、麗宮及都城等。

九龍則有美麗華、瓊華、花都、新雅、樂宮樓等多間。落成於 1955 年位於彌敦道與山東街交界的瓊華與斜對面的龍鳳，其耀目的月餅宣傳燈飾，多年來為著名的“景點”。

1950 年代新界的酒家有：元朗的榮華、大埔的南園、屯門的容龍別墅、荃灣的大三元，以及位於沙田墟，包括楓林小館等的若干間。

◄ 由皇后大道中上望砵典乍街，約 1955 年。正中可見於 1945 年和平後遷位於 30 號 A 的鏞記酒家招牌。

威靈頓街近德己立街的一段，約 1948 年。左方可見位於 32 號，開業於 1920 年代的大景象酒家，於 1965 年變為鏞記酒家的新址。右方為與德己立街交界的為荔園燒臘店。 ►

押
押
享利商店
ON LEE
ORIENTAL
"SORIC"

大成酒家
亞桂藥行
A. KWAI
MEDICINE DEALERS
冠天餐廳
兆興祥金行
兆興祥鐘錶
誠和西藥
現代美容
中醫利樹權
大新行美術
永信金飾行
成興金舖


9363

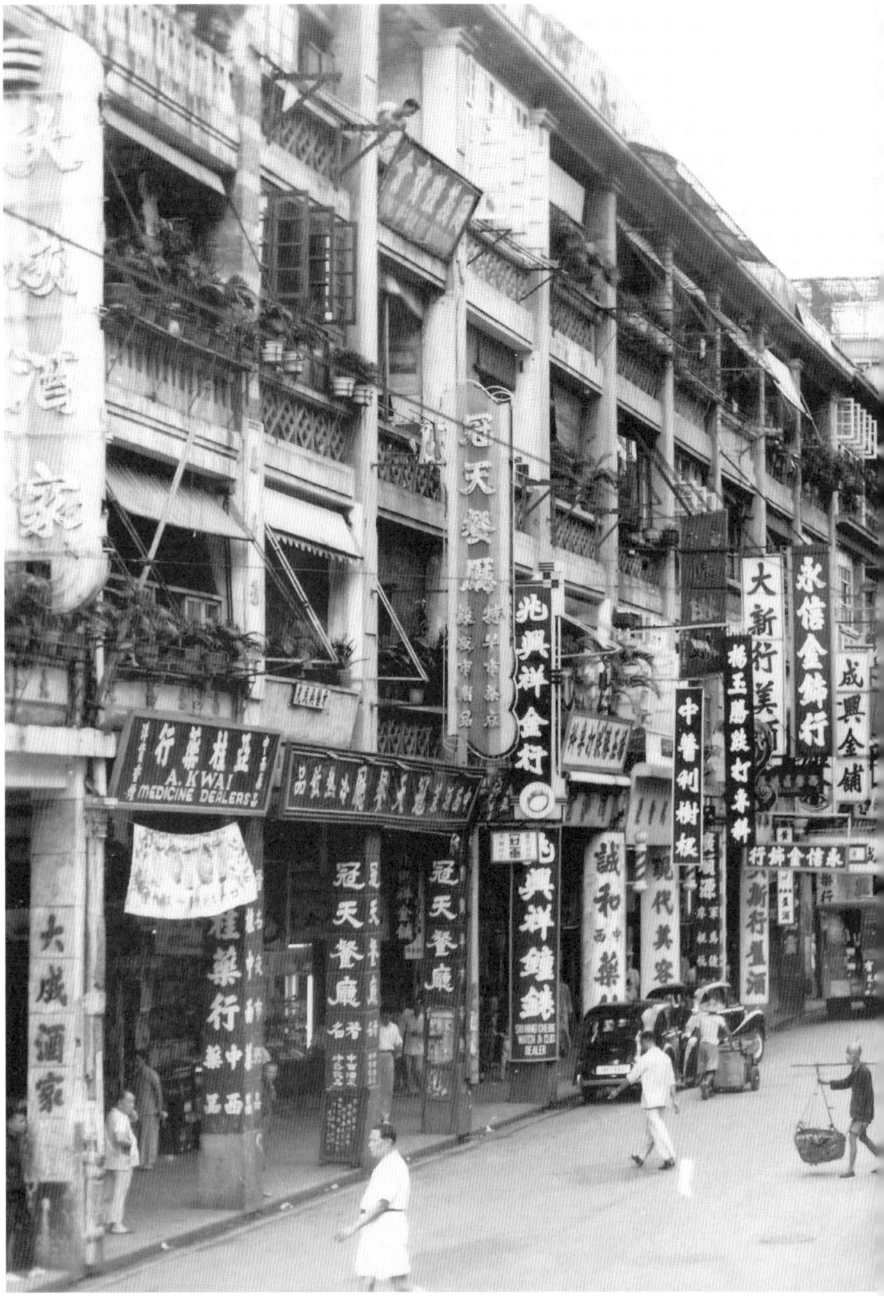

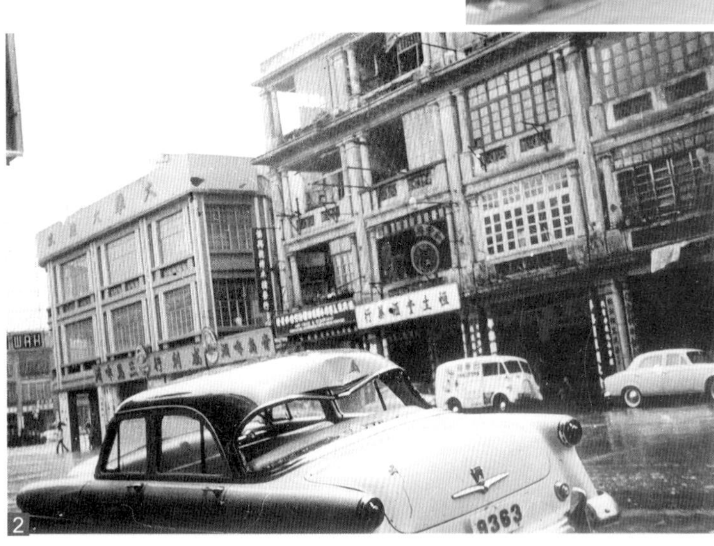

2

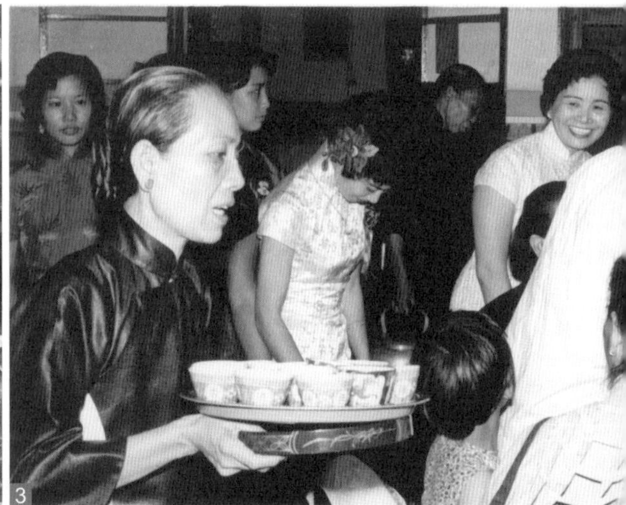

3

1　由太原街東望莊士敦道，約 1952 年。右方的龍鳳大茶樓約於 1958 年改為龍門酒樓。左方柯布連道口大成酒家所在現為三聯書店。正中後方為相連九座樓宇，氣派宏偉，開業於 1930 年代的英京大酒家，所在現為大有廣場。

2　約 1953 年的太子道。可見位於與荔枝角道（左邊）44 號交界的大華大酒家。

3　由“大妗姐”（婚嫁禮儀師）陪同，在席間向賓客敬茶的新抱（新娘），約 1955 年。

▲ 彌敦道與山東街交界的瓊華酒樓，約 1962 年。右方為京滬川菜的滿庭芳酒樓，其背後是百樂門戲院。

位於海運大廈第二層尾端，於 1966 年剛開業，可筵開百席的海天酒樓夜總會的表演節目。▶

1960年代起，港島著名的新酒樓酒家有：於仁、告羅士打、京華及喜萬年。九龍則有：皇宮、高華、平安、金漢、京漢、漢宮、金冠，以及位於海運大廈的海天等，大部分均設有夜總會。告羅士打、海天及京華均可筵開百席。

1960年代初，有太白海鮮舫及沙田畫舫分別開設於容龍別墅及沙田墟旁。

早期，所有酒家都兼營“外賣式”的“上門到會”，即“包辦筵席”，同時亦有很多包辦筵席館，或稱為“大餚館”。1922年，在太平戲園設宴款待英國愛德華皇儲，筵席是由金陵酒家提供“到會”者。

最多酒席“到會”的場合是塘西妓院的“執寨廳”（亦稱“包廳”或“霸王夜宴”），即是在妓院內大排筵席宴請全院妓女。

當時，不少富人在私邸宴客，亦是由酒樓或包辦館“到會”。1950年代港島的包辦館有歐燦記、曹錦泉、鄒穩記、咸記、喜臨門、福記，以及九龍的大來及東南等。

1960年代中，港督府的款客筵席，亦曾由荷李活道與城隍街交界的咸記“到會”者。

▼ 於旺角上海街佔一連十間舖位的陸羽居大酒家的擴充營業廣告，1960年。

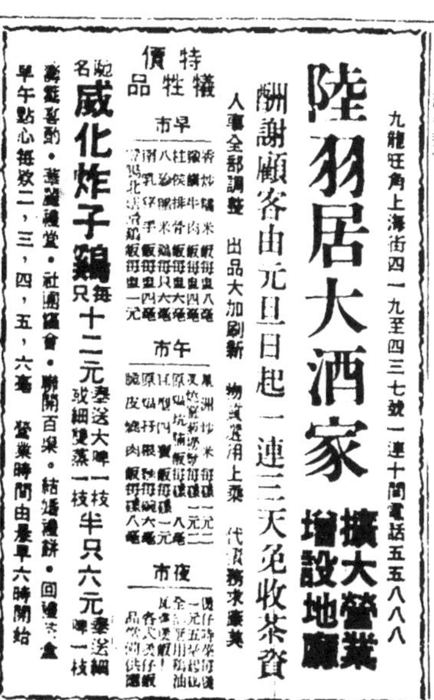

除海天、京華及告羅士打外，六、七十年代大規模或著名的酒樓酒家，還有：

港島中區的京富、環球、翠華、於仁翠園、康樂翠園及錦江春。

銅鑼灣的珠城、碧麗宮、百德翠園、福臨門、鑽石、敘香園、紅寶石、建國。

北角的新都城、英皇、世運、麗宮、東亞。

尖沙咀的海洋皇宮、海城、星光翠園、中華、金都城。

油麻地的華盛頓、新樂、豪華、國賓。

旺角的三間五月花酒樓、國際、皇冠、瓊天。

何文田的慶相逢、飛龍。

深水埗的八仙、香城、龍慶、嘉頓。

土瓜灣的嘉賓。

九龍城的百好。

上述不少酒樓皆設有夜總會，國賓曾舉辦過一次揚名國際的滿漢全席。場面盛大的珠城、新都城、中華、海城、國際及慶相逢於開業時十分哄動，不少星級歌星、藝員亦往獻藝。至於星光行的翠園酒家旁的同一樓層，曾為香港博物館（歷史博物館前身）的館址。

◀ 金禧慶典時的鏞記酒家，1992 年。

▲ 約 1969 年的九龍城迴旋處，中上方為打鼓嶺道及龍崗道交界的百好酒樓及南方酒樓。左中部的家歡樓內，稍後有食為先及鹿苑海鮮酒家。（圖片由吳貴龍先生提供）

Q. SERVICE CENTRE

◀ 位於中環統一碼頭道，渡海小輪碼頭上層的海景酒樓，1992 年。

▼ 龍門大酒樓的菜譜封面，約 2000 年。

# 第十二章 茶樓與茶室

香港開埠後，不少廣州式茶樓茶室，包括最早的杏花樓，於 1846 年起紛紛在港開設。早期集中於中、上環區。除茶樓、茶室外，名稱還有茶居、茶社、茶寮、茶館、茶座、茶話處等。

1950 年代後期，有一“中秋月茶座”位於德輔道西，於 1962 年變身為第三代高陞茶樓。另外，名為“茶寮”的翠亨邨實際為一高級宴飲場所。

早期的茶樓、茶室還有：楊蘭記、雲來、三元、得名、三多等，以及一間開業於 1880 年代的得雲。得雲位處中環皇后大道中 187 號及上環文咸東街 1 號，而且跨越一條名為“鴨蛋街”的永勝街，頗為特別。其位於文咸東街 3 號的一層，樓下地舖為永亨銀行。該茶樓亦以月餅及老婆餅馳名，到 1992 年結業。

1888 年，已有一“茶居行鴻泰工會”。

▲ 約 1890 年的灣仔皇后大道東。左方可見悅珠茶居，亦有一"包辦戲延（筵）葷素酒席"的朝陞館，兩者之間亦有一供應山水名茶、各式點心的茶居。右方中又有一"包辦滿漢葷素酒席"的翰馨樓。

1　由水坑口街西望皇后大道西，約 1895 年。左方有三間海鮮炒賣、供應扁食水餃鹵味炒賣常便，以及承製崧（鬆）糕大發（一種素糕）煎堆壽麵的茶樓茶居。右邊亦有一瓊香茶居。

2　由中環街市西望皇后大道中，約 1925 年。左方樓下有"仁記號金銀便換"的，是位於吉士笠街及嘉咸街之間的第一代高陞茶樓。

3　位於中環皇后大道中 187 號，以及上環文咸東街 1 號的得雲茶樓，其三樓相連至文咸東街 3 號，1985 年。（圖片由陳創楚先生提供）

南興隆洋貨洋酒
NAM HING LOONG
WINE & SPIRIT MERCHANT
YING WAH STUDIO


2

得雲
得雲茶樓
得雲大茶樓


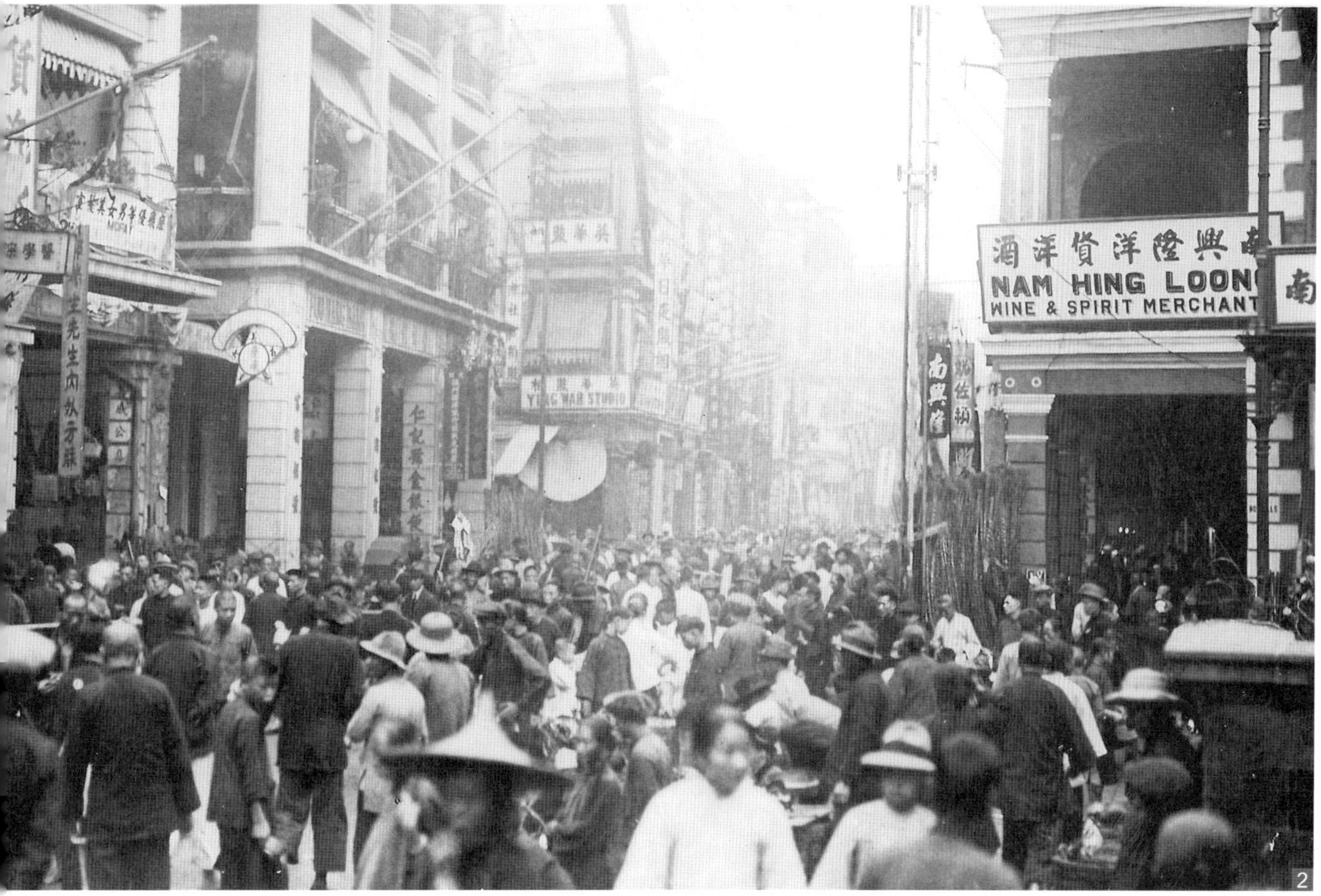

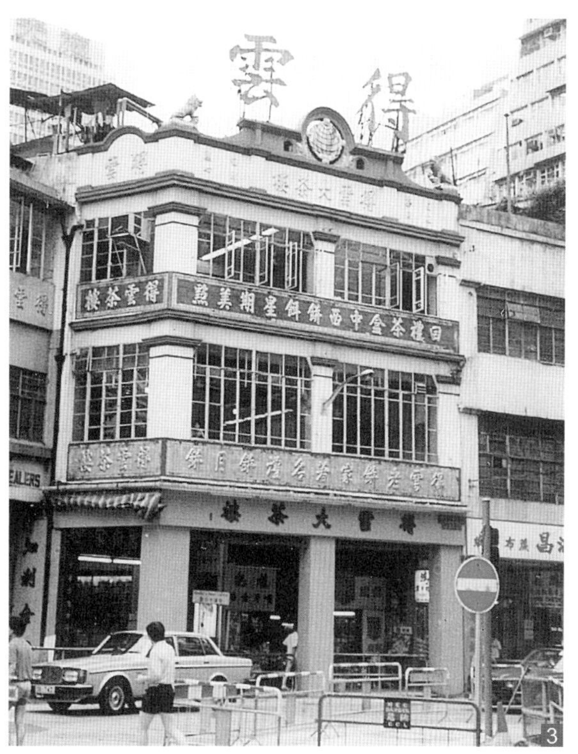

3

1

二十世紀初的茶樓茶室，有：富華、武彝仙館、茶香室、日南、茶趣園、多男及平香等。後兩者一直經營至 1990 年代。1903 年，有一間位於荷李活道 196 號經營茶麵生意的杏燕樓。

1910 年代的茶樓茶室則有：馬玉山、嶺南、吉祥、第一樓及先施公司天台茶室等。

1920 年代，有位於中、上環的高陞、第一代的陸羽、慶雲、如意（後來為清華閣）、添男、萬國，以及由五號差館和水車館（消防局）變身的一笑樓；於 1927 年在皇后大道中嶺南原址開業的蓮香樓等。此外，還有灣仔的祿元居及九龍上海街的得如。與武彝仙館聯號的祿元居，兩者每週皆在報章刊登其新出品的星期美點二、三十款。

1930 年代較著名的茶樓，包括中西區的陸羽、得男、正心、雲香；灣仔的冠海，以及九龍的一定好、品心、大昌、添丁及有男等。稍後再有雲來和信與。

1　由花布街（永安街）西望德輔道中，約 1925 年。左方機利文街與機利文新街之間的是岐山茶樓。正中電車左旁是怡園西菜館，於 1930 年代初改建為金龍酒家。

2　由皇后大道中上望卑利街，約 1935 年。1927 年，蓮香茶室（樓）於皇后大道中 136 號與卑利街交界開業。

3　1922 年農曆十月廿六日當日，位於德輔道中 30 號（利源東街口）陸羽茶室的開業廣告。

▲ 銅鑼灣利園山利園遊樂場內之"談天茶室"，以及左方的茶座"竹屋"，約 1925 年。利園山於 1951 年起被夷平，茶室所在現為蘭芳道及恩平道一帶。

◀ 由交加街望灣仔道，約 1932 年。左中部為規模頗大的泰山大茶樓，其左前可見軒尼詩道興建中的新中式樓宇。

約 1948 年的西營盤正街，皇后大道西左邊裝修中的為老牌之多男茶樓，右方為 1930 年代開業的正心茶樓。

淪陷時期，不少茶樓因缺電，只經營早午茶市，停止夜市，主要供應糕點及餅食。偶有肉類供應亦只為牛肉及魚肉，而且價格昂貴。當時因為要徵收營業稅、飲料稅以及 30% 的飲食稅，導致茶客卻步。1944 年後，大部分茶樓食肆結業，部分包括高陞茶樓等，被改作賭場或字花場。

和平後至 1950 年代的新茶樓茶室，計有：中西區的嶺南、龍香、貴如、瑞華、義芳、龍如、中秋月及西豪；灣仔的雙喜、龍鳳、英男、德心及永泰；九龍的雲天、統一、龍如、龍鳳、日陞、多寶及天海等。

早期的茶樓茶室，是以供應“一盅兩件”名茶點心的早午茶市，以及中午飯市為主，部分不經營夜市的於下午 4 時便關門。亦有若干間（包括上環清華閣）由晨早 4 時開市直至晚上 11 、12 時。亦有經營至午夜 2 時，甚至通宵營業者。其中一間為位於依利近街 13 號的地踎茶室義芳。當時亦興往“飲夜茶”或“宵夜”者。

▲ 位於莊士敦道與太原街交界的雙喜茶樓於 1949 年開幕時的情景。

▼ 雙喜茶樓內的售點員，與正在品茗的各茶客眾生相，約 1985 年。

迄至1950年代，若干間茶樓以“星期美點”為招徠，即每星期轉換若干點心品種一次。時至今日，只有陸羽茶室維持此種作風。當時，一般茶樓茶室的點心每碟為2至3毫，陸羽則為4至6毫。1960年代已可品嚐其特有的“鷓鴣粥”。

一直以來，茶樓酒家皆視製造和銷售月餅為最賺錢的生意。有一說是單賣半個月的月餅已可支持茶樓一年的皮費，故每間茶樓酒家都花重本裝飾，刻意宣傳。

早期，有不少伶人或歌者及象棋高手在茶樓表演，部分茶樓亦設有歌壇或棋壇。亦有茶樓配置懸掛鳥籠的設施，以方便攜鳥往品茗的“雀籠友”。

此外，有很多只有一間地舖，被稱為“潮州茶室”或“地踎茶居”者，遍佈於港九各處，包括中西區的牛記、寶賓、平民、德馨、惠海、龍香、南天、宏利、寶泉、利乾；灣仔的敏如、德心、永春、回教泉香；九龍的合發、福棧、南香及德泉等。敏如及牛記曾變身為小菜館，後者於年前才結業。

**陸羽茶室 星期美點**

新曆五月二日至八日

（各式美點供應至下午六時止）　（另加一服務費）

名茶每位廿元

2009 17 5500

| 編號 | 鹹品 | 金額$ | 數量 |
|---|---|---|---|
| 001 | 上湯魚皮角 | 70 | ( ) |
| 002 | 蝦仁鮮荷飯 | 70 | ( ) |
| 003 | 蚧黃灌湯餃 | 50 | ( ) |
| 004 | 北菰糯鷄卷 | 35 | ( ) |
| 005 | 百花釀鮮菰 | 35 | ( ) |
| 006 | 脯魚燒腩卷 | 35 | ( ) |
| 007 | 蚧肉熨麵角 | 30 | ( ) |
| 008 | 家鄉蒸粉菓 | 30 | ( ) |
| 009 | 脯魚蝦燒賣 | 30 | ( ) |
| 010 | 淡水鮮蝦餃 | 30 | ( ) |
| 011 | 蠔油义燒包 | 30 | ( ) |
| 012 | 滑鷄球大包 | 30 | ( ) |
| 013 | 煎粉菓連湯 | 50 | ( ) |
| 014 | 五鮮釀青椒 | 35 | ( ) |
| 015 | 五柳脆雲呑 | 30 | ( ) |
| 016 | 火鴨絲春卷 | 30 | ( ) |
| 017 | 雲腿石班夾 | 35 | ( ) |
| 018 | 义燒焗餐包 | 30 | ( ) |
| 019 | 鮮牛肉燒賣 | 33 | ( ) |
| 020 | 釀豬膶燒賣 | 33 | ( ) |
| 021 | 柱候蒸排骨 | 33 | ( ) |

| 編號 | 甜品 | 金額$ | 數量 |
|---|---|---|---|
| 022 | 蓮子蓉香粽 | 33 | ( ) |
| 023 | 蛋黃蔴蓉包 | 30 | ( ) |
| 024 | 欖仁生蹄糕 | 30 | ( ) |
| 025 | 山楂奶皮卷 | 30 | ( ) |
| 026 | 大良蘋葉角 | 30 | ( ) |
| 027 | 湘蓮紅荳沙 | 33 | ( ) |
| 028 | 椰汁合桃糕 | 30 | ( ) |
| 029 | 菠蘿煎班戟 | 30 | ( ) |
| 030 | 杏片奶黃酥 | 30 | ( ) |
| 031 | 花生蓉燒餅 | 30 | ( ) |
| 032 | 金華甘露甫 | 30 | ( ) |
| 033 | 黃梅焗蛋夾 | 30 | ( ) |
| 034 | 棗泥雪酥餃 | 30 | ( ) |
| 035 | 鮮橙汁蛋撻 | 30 | ( ) |

| 編號 | 飯麵小食（中午11時供應） | 金額$ | 數量 |
|---|---|---|---|
| 051 | 紅燒大包翅 | 420 | ( ) |
| 052 | 鮮菇 蝦仁擜麵 | 130 | ( ) |
| 053 | 上湯蝦水餃 | 70 | ( ) |
| 054 | 咖喱 焗肥鷄飯 | 80 | ( ) |
| 055 | 柱侯 焗排骨飯 | 80 | ( ) |
| 056 | 粟米 焗班粒飯 | 80 | ( ) |

1

魂斷中秋月

因應付月餅會仔不來
好彩茶樓昨關上了門

（本報專訊）九龍城衙前圍道好彩茶樓，昨晨九時過後，拉上了鐵閘，部份供月餅會的會仔，祇好望門興嘆。

昨日上午，該茶樓曾經派出數十份月餅會仔[illegible]，[illegible]相走告，茶樓門前一時人如潮湧，[illegible]恐秩序難以維持，始將閘上大門，迄晚仍是如此。一部份職員，於人聲嘈雜中，經已走出店外。

前日下午，該茶樓曾[illegible]所[illegible]，損失了餅款及月餅會[illegible]。

據一個熟悉該茶樓情形的人說：該茶樓在正常工作之下，每日可製餅約八批、四千份餅，約在一星期時間即可派完。昨晨派餅時，不意引起取不到餅之會仔不滿，因此要拉上鐵閘。

今日是否照常派一部份餅？須到時方知。

偷吃月餅　入監過節

（本報專訊）一個男子偷月餅被抓住昨在中央裁判署[illegible]法庭受審時，他訴說兩天已沒有飯吃，結果法官判他入獄七天，在監房吃餅。

被告男子名[illegible]，三十二歲，住洋船街廿七號天台，警方控告他於本月廿一日在砵蘭道四〇〇號門外偷竊利記餅家月餅兩個值二元。

被告是前日凌晨五時三十八分在窩打老道東近[illegible]東街路上因形跡可疑，探員截住，當時他手上拿有一個紙手袋，內有月餅兩個，查出乃係在利記餅家門外偷取者。

1　陸羽茶室每週更換一次的“星期美點”點心紙，約 2000 年。

2　1958 年，九龍城衙前圍道好彩茶樓，因不能應付月餅會“擠提”而關門，以及因偷吃月餅而被判入獄的新聞。

3　1950 年代，得如樓的報章廣告。該茶樓及酒家於 1920 年代開業。

4　重建後的得如酒樓，約 1995 年。

1 雲來茶樓內帶同鳥兒往品茗，被稱為“雀籠友”的茶客，約 1985 年。

2 位於上海街與豉油街交界的雲來大茶樓，1989 年。

3 位於灣仔春園街（右）與三板街交界的同心茶樓酒家，1999 年。

4 位於中環蘇豪區的地踎茶居，第三代的貴如茶樓，約 2000 年。

無論茶樓、茶居或茶室，於 1960 年代起已鮮有新店開設，因其生意被新落成的酒樓酒家搶去不少。加上其所處廉租的舊樓陸續拆卸，導致其快速消失。現時的老牌傳統茶樓，只餘下位於新址經營的蓮香和陸羽，以及深水埗的信興。另一間始於 1920 年代的老牌得如，亦於 2012 年結業。

▼ 一間位於筲箕灣東大街的泰昌茶樓（左），1985 年。其門前的招紙有：紅發包、大發糕、雞仔餅等傳統餅食，以及婚嫁的龍鳳禮餅。（圖片由陳創楚先生提供）

# 第十三章

# 風味小館與外江菜館

1920 年代，有多間經營街坊小菜、午飯晚飯的小館子在港九營業。較著名的有位於閣麟街的陶志園；位於荷李活道的萬珍記、茶趣園；位於德輔道西 18 號、以脆皮燒鵝馳名的公團；位於威靈頓街 121 號、以雲吞及鴨腿麵馳名的福祿園，還有 1942 年位於廣源西街的鏞記等。

和平後，福祿園改為西餐館嘗新，稍後再轉營中菜。當時，有另一間雲吞麵店福祿園位於上海街 690 號，而曾經歷兩度搬遷的鏞記，則於 1945 年再遷往砵典乍街 30 號 A 營業。

◀ 由皇后大道中上望砵典乍街，約 1930 年。左方的天然居粥品食店，於 1945 年為鏞記酒家所在。

當時的知名小館或名為酒家者，有德輔道中的珠江，亦樂園、公團、金石、山珍及敍香園；干諾道中的杏香園，由虫二餐館變身的中記；皇后大道中的鑽石；士丹利街的奕羣英；結志街的源源；擺花街的和記；中央戲院旁餘慶里1號的合記（整條餘慶里只有這幢1號的樓宇）；荷李活道的仁和、吳源記、會源樓及廣生；永吉街的萬發，以及皇后大道西的庸記及得記等。

皇后大道西近皇后街的一條香馨里內，亦有斗記、兩興、尚興及陳勤記等多間潮州小館，當中斗記的魚麵、兩興的沙茶牛河及紫菜雙丸粉等，令人回味。

東區的小館有灣仔汕頭街的操記；皇后大道東的肥仔記；茂羅街的有仔記；莊士敦道的雙喜；怡和街的鳳城及北角的北大等。

九龍的小館有上海街的富記和神燈；荔枝角道的涎香和生香園；大埔道的泉章居和金元等。

▼ "送包伙食"途經威靈頓街的女工，約1966年。左方為由砵典乍街遷至此的鏞記酒家，以及"新三六九"外江菜館。

▲ 位於灣仔茂羅街 11 號的有仔記酒家，2005 年。該一帶的樓宇現已活化為“動漫基地”。

五、六十年代的知名粥麵店，有中、上環的三興、何生記、羅富記；東區的永華、認真棧、昌記、錦香園；九龍的麥文記、金菊園及隨園等。此外，位於皇后大道中仁人酒家樓下，有一專賣牛肉、牛雜粥麵的"太牢食家"，其對面的機利文街有一馳名的奀記雲吞麵檔。

上述小館中，鏞記、斗記、以"大蝦粥"享譽的合記、操記、昌記，連同以牛腩馳名的九記，被食家們稱為"浮生六記"。

1960年代中遷往威靈頓街，原大景象酒家所在的鏞記，旋即成為國際知名的食府。其他轉化為大酒家的還有敍香園、鑽石、鳳城及泉章居等。

合記於1970年左右結業後，舖位改為上環"平民夜總會"名食檔"沙記"的食品製作所。西營盤的庸記及得記皆曾重建為新廈，並變身為酒家，但不久便結業。

泉章居之"抵食大件"的東江菜（客家菜）頗受普羅大眾歡迎，導致後來包括醉瓊樓、梅江等東江菜館大量開設。

1 位於鑽石山聯誼路，以四川擔擔麵馳名的詠藜園食館，約 1985 年。所在的一帶現為荷李活廣場及屋苑星河明居。

2 上海街的著名小館神燈海鮮菜館，約 1985 年。

3 位於堅道與卑利街交界的小館海燕飯店，1999 年。

▲ 由英皇佐治五世公園望佐敦道，約 1959 年。左方為食館瑞香園及“筵席包辦館”泰記酒家。正中有統一、雲天及豪華茶樓。於 1960 年代中，一間六榕仙館齋廚在右中部開張。即將落成的保文大廈樓下有一龍如茶樓。

戰前，已有若干間北方的外江菜館，而石塘咀的陶園酒家、娛樂戲院的又一邨飯店亦供應川滬菜。

和平後的 1946 至 1950 年間，大量內地不同省份的人士南來。同時，很多被稱為“外江”或“上海”的不同地區、省份的京、川、滬菜食館在各區開設。當中，以“小上海”（現時為“小福建”）的北角為最多，包括英皇道的錦江、喬家柵及燕雲樓等。

至於中西區則有威靈頓街的上海三六九、福建五華號；皇后大道中的京都酒店杭州菜；干諾道中的天津海景樓；石塘咀的上海四時新菜館；灣仔軒尼詩道的平津何倫會賓樓；駱克道的雪園老正興；皇后大道東的清真北來順等。

至於九龍區則有彌敦道的雪園飯店、九龍飯店、厚德福酒家、綠楊邨上海菜館，以及最先供應大閘蟹，早期位於吳淞街的天香樓。稍後，還有白加士街的五芳齋；摩地道的鹿鳴春；金巴利街的一品香及彌敦道的北京飯店等。除外省人外，亦吸引大量本地“廣府人”前往消費。

▲ 位於堅道 62 號，著名包辦館歐燦記，1998 年。其左方當時還有兩間包辦館曹錦泉及金源。

北京清真
北來順酒家開幕通告

本號新址，業經裝修完竣，謹擇於本月十九日開始營業。藉酬答各界愛好主顧，除保持原有獨利作風外，并特添備北平名食「掛爐填鴨」「羊肉涮鍋」歡迎光顧。

新址：皇后大道東壹〇四號（原蜀風舊址）

交通：五號巴士安樂汽水廠下車
電車中華[illegible]下車
[illegible]街南口左拐

北京北來順主人啓

▲ 位於灣仔皇后大道東，由蜀風川菜館變身的清真北來順酒家的開幕廣告，1950 年。

# 第十四章

# 攤檔與大牌檔

1840 年代起，不少包括販賣雜物、鮮花及食物的攤檔，在中、上環以至灣仔的街道上擺賣。

1850 年代起，有若干個補鞋檔設於介乎皇后大道中與士丹利街間的一段"紅毛嬌街"（吉士笠街），港督亦曾光顧。兩、三檔現時仍在營業。

1920 年代，不少包括售賣雲吞麵的熟食檔，在九龍城西貢道及啟義道上開設。

1927 年，當局鑒於很多小販之"大牌面擺檔"所用的"天蓬"不及格，指令要改用當局規定之形式，否則拒絕發牌。

▲ 由皇后大道中上望威靈頓街，約1900年。當時兩旁已有不少攤檔。

◀ 在路邊經營的擔挑食檔和菜檔，約1890年。

1935 年，當局將小販牌照劃分為“大牌”和“細牌”，用木架搭成車販賣者，要領大牌。

當時，大細牌的小販攤檔，集中於士丹頓街、鴨巴甸街（曾遭旁邊的皇仁書院投訴）、嘉咸街、閣麟街、正街、士美菲路，及灣仔的交加街等。另外，也集中於及九龍的廣東道、新填地街、北河街、大南街、基隆街、汝州街及長沙灣道等。

和平後的 1947 年 3 月，政府將小販分為五種，分為攤位小販、流動小販（當中分為“大牌”和“細牌”）、船上小販、小艇小販及報販。最早的報販攤檔是 1900 年代開設於干諾道中卜公碼頭前者。

同年 12 月 22 日，再調整為七種，分為熟食檔（大牌檔，牌照尺碼亦較大者）、售賣其他貨品（如蔬菜、水果）攤檔、固定攤位、流動小販、擦鞋販、登輪船售物小販及艇販。而熟食大牌檔，主要是養活一羣經營者和從業員，並可提供廉價食品予普羅市民。

同時，當局亦開始發出利源東街、利源西街的小販牌照，規定利源東街的小販要擺於東邊、西街的要擺於西邊。安蘭街、永吉街及永和街的小販牌照亦同時發出，但問津者不多。

1 由威靈頓街下望嘉咸街的攤檔，約 1952 年，可見位於 13 號祥興酒莊的招牌。

2 由威靈頓街上望嘉咸街，約 1962 年。左方為永和雜貨店，街道兩旁全為米舖、雜貨店及粉麵店等，路中的攤檔多為售賣果菜、雜貨、海味和蛋類。

3 新界墟市的“趁墟”攤檔，約 1962 年。

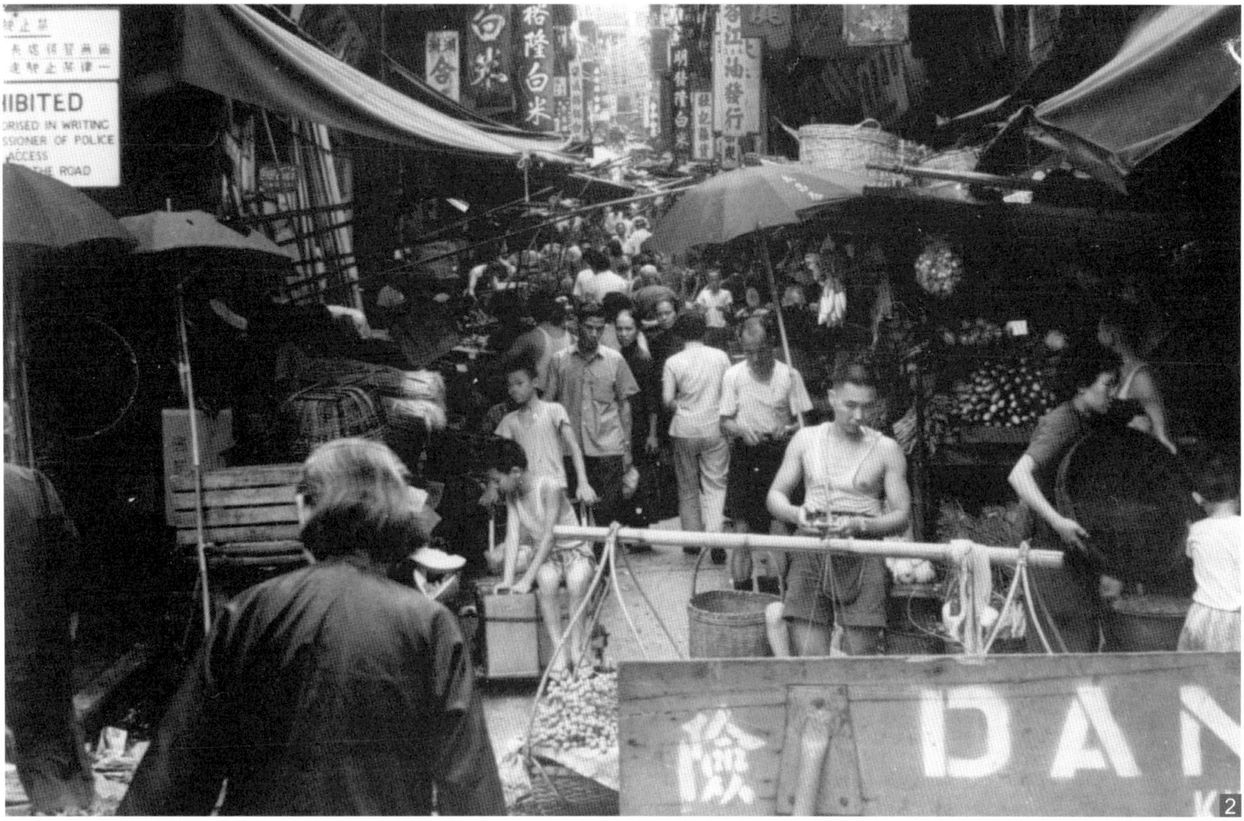

2

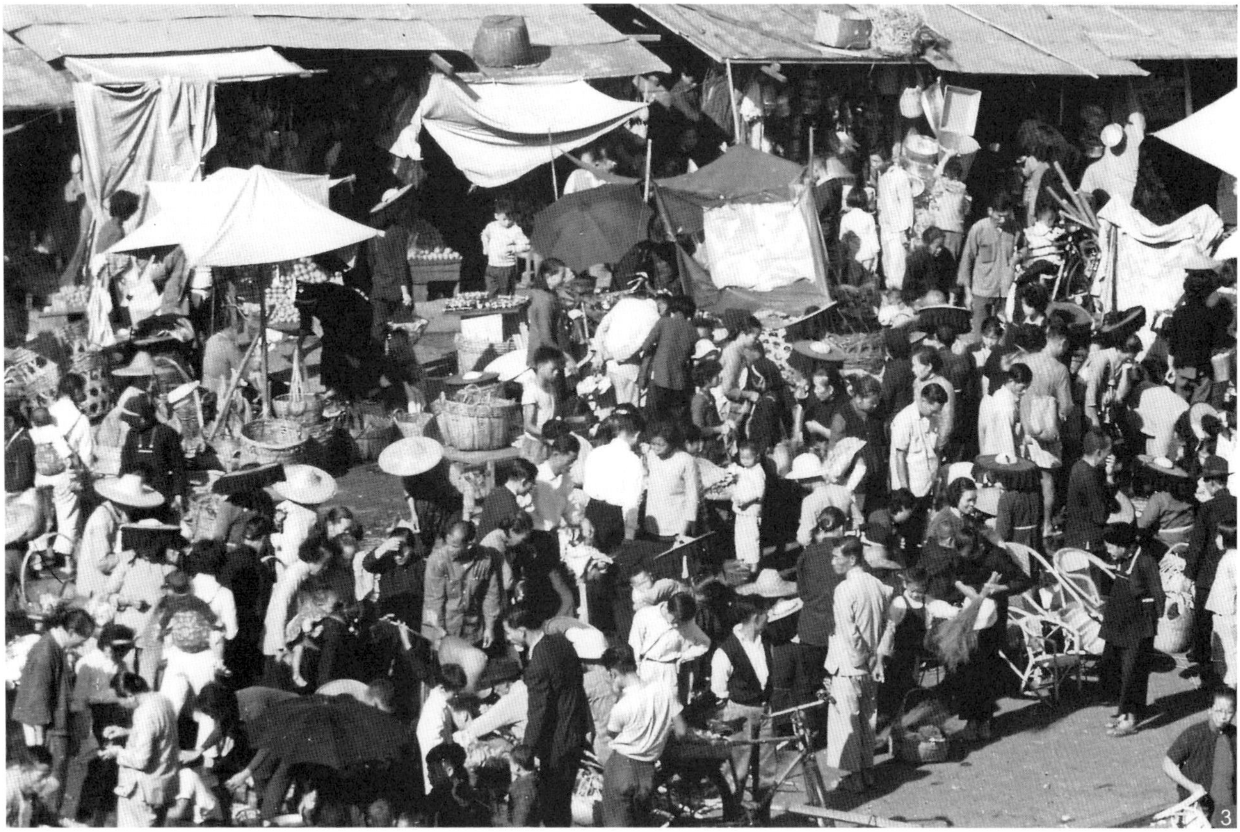

3

1948年冬寒流襲港，上環畢街之蛇肉狗肉攤檔食客擠擁，引致警察掃蕩。因食客亦在被拘之列，狗肉食客亦要“走鬼”。

1951年，大牌檔及食檔的集中地為尖沙咀北京道街市側、港島的譚臣道及士丹頓街等。“大本營”則為中環街市對上，稱為“為食街”的一段士丹利街。另一大牌檔密集的區域為上環急庇利街，計共約有20檔。

當時每一大牌檔位的“頂手費”（轉讓經營權費用）約為二、三千元。個人在大牌檔一餐的消費約為5至7毫，一杯西式飲品為2毫。最多的是魚蛋粉雲吞麵、油器粥品、燒鹵味飯、糖水、奶茶咖啡、小菜炒賣、潮州食品者，亦有專賣燒餅、煎堆、豬肺湯、薄餅以至葛菜水的檔位。

1956年至1960年代初，大牌檔遍佈於港九各大街小巷，為全盛時期，靠其謀生之商販及僱員超過1萬人，但常因阻塞交通遭到投訴。

1

2

有人曾提議政府多開“經濟飯店”以作取代。此類飯店前身為1941年開設的公共食堂，是每當日機空襲時，供居民可於就近進食，共有23處，當中包括設於中環街市、灣仔貝夫人健康院、東區遊樂場、太古水塘、大坑道及赤柱等地者。

和平後，這等飯堂以“經濟飯店”名稱，在港島的大笪地、上環郵局旁的永樂街、修頓球場及筲箕灣和九龍多處設立，提供廉價飯餐予普羅市民，包括3毫一大碗淋上鹵水汁的“大肉飯”等。初期亦配給公價牛肉予市民。1953年，港督葛量洪（Sir Alexander William George Herder Grantham）曾往巡視。數年後，因“救濟用途”已失，當局陸續停辦。不過位於大笪地的一間一直經營至1970年代初。

1　由德輔道西望向近海邊的修打蘭街的大牌檔區，1985年。可見駝江炒賣及歐記咖啡檔。右方還有一檔以魚蛋魚餃馳名者。（圖片由陳創楚先生提供）

2　位於中環士他花利街與威靈頓街交界，以牛腩麵馳名的大牌檔陳成記，1999年。該檔位於1950年代是賣豬肺湯者。

3　已於卑利街6號“入舖”的陳成記，2007年。

4　位於坭街（依利近街）口的著名大牌檔民園麵家及玉葉甜品，2005年。民園的前身是製造薄餅的黃輝昌。

1957 年，當局重新規劃包括閣麟街、利源東街、利源西街及新填地街的港九各地攤檔。綠色的新攤檔枱位長四英呎、闊三英呎，並掛有檔主姓名的中英文名牌。當中包括衣物、百貨、蔬果食物等的檔位。

除大牌檔外，有不少臨時熟食攤檔開設於在 1958 年闢成、稱為“平民夜總會”（現信德中心所在）的新填地，以及九龍榕樹頭附近和廟街一帶。

1970 年代初，當局以補錢收回，及遷往街市熟食樓層的方式，取締阻塞交通的大牌檔。不過，卻於 1975 年 2 月起，在包括花園街、通菜街、順寧道等 15 條街道設立小販認可區。

1 製造及售賣麵粉公仔的檔口，約 1985 年。

2 旺角“雀仔街”（康樂街）的雀鳥檔，約 1985 年。所在一帶現為朗豪坊。

3 2002 年 9 月 15 日，發生大火後，利源東街上的消防車及消防員。該場大火波及多座牌檔。

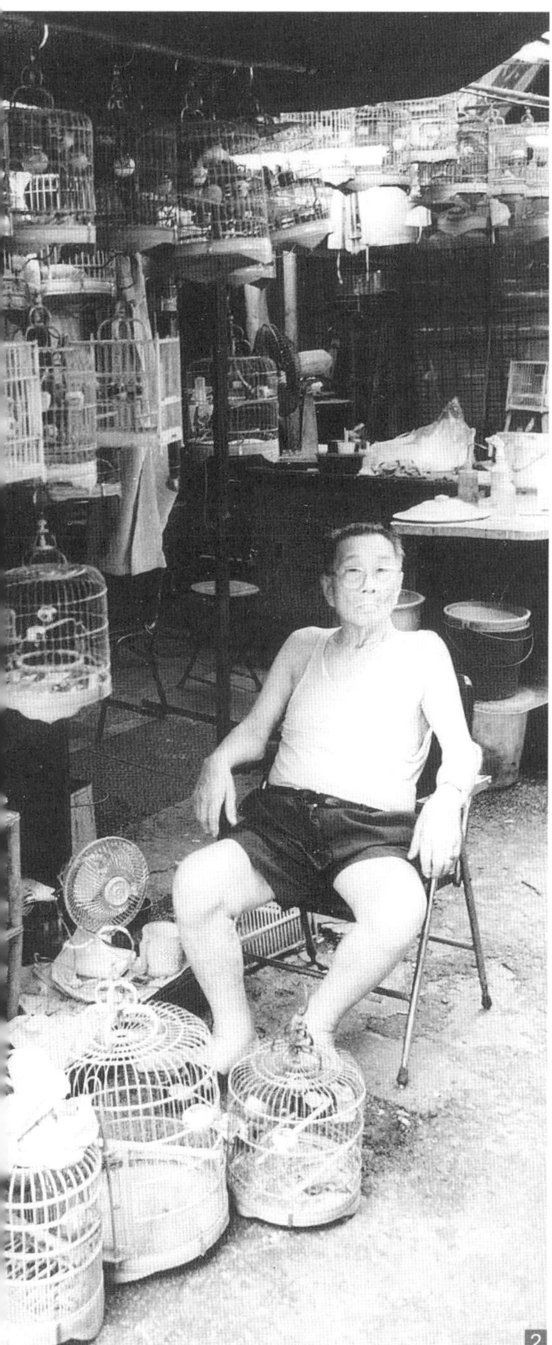

2

3

# 下篇 前言

最初名為“形圖”、“明燈戲法”及“影畫戲”等的電影，早期在中西區的街頭、空地及廣場蓋搭棚篷上映。由 1907 年起，才有正式的電影院。此外，粵劇戲園亦不時上映電影。1910 年代起，多家大小規模的電影院，陸續在港九落成。

1920 年代起，有若干間製片公司在港攝製電影，知名的有天后區的“民新”及土瓜灣的“天一”等。和平後，則有國語片的永華、長城、電懋及邵氏，粵語片的中聯及光藝等。

1950 至 60 年代，為電影的光輝歲月，多家公司攝製大量電影，新型電影院亦如雨後春筍般在各區落成。

除電影外，不少市民喜往茶樓及酒家的歌壇遣興。早期的著名男女歌伶均有大批擁躉。1950 年代為歌壇興旺期，隨後則因茶樓拆卸及市民口味改變等原因而漸趨式微。

1860 年代，包括著名的高陞等四間粵劇戲園在上環及西區落成，不少戲子（演員）是來自廣州的“紅船”者。戲園亦不時被用作招待中外貴賓觀賞粵劇及宴飲的場所。

迄至 1950 年代，粵劇一直吸引大批市民觀賞，粵劇一如歌壇，亦因社會節奏變得急促、市民口味以及場地等原因而走下坡。

被描寫為“燈紅酒綠”的舞廳及舞院，始於約 1930 年，初期位於中西區的新型樓宇及酒樓酒家內。早期又名“交際花”的舞女，有不少來自上海。

和平後，更多舞廳、舞院在港九各區開張，以迎合不同省份及本地的“火山孝子”（舞客），而以灣仔最為集中，高峰期為 1950 至 70 年代。

市民喜往遊覽的遊樂場，始創者為 1903 年開設於跑馬地的愉園及怡園。其後再有西環的太白樓；東區的名園、利園、銅鑼灣的“東區”及麗池。戰後則有港島的月園；九龍的荔園、明園、天虹及啟德等。

早期的遊樂場以餐飲、粵劇、電影、煙花及各類表演吸引觀眾，二戰後則以機動遊戲為重點。影響市民最深遠之一的是結業於 1997 年的荔園。

接待中外遊客的酒店及旅館，最初落成於 1841-1844 年間。最著名的是始於 1868 年，畢打街與德輔道中之間的香港大酒店。

由 1900 年起，旅遊區由中環擴展至尖沙咀，半島酒店至今仍保持其一流氣派。

華人的酒店、客棧及旅館區，則集中於干諾道的多座內河船碼頭附近。

1950 年代，香港的傳統及中國風味景致，加上購物天堂的美譽，吸引了大量遊客，多間大型酒店陸續落成，迄至現時。

另類吸引中外人士的風月區，始於 1846 年，當中包括倫核士街（擺花街）的洋娼區，以及太平山街及附近一帶的華人娼院區。華娼區於 1894 年疫症肆虐後，移往水坑口街一帶，到了 1903 年起再遷往石塘咀。九龍的華娼區則集中於油麻地廟街及吳松街。

由約 1900 年起，洋娼區則移往灣仔的春園街及三板街一帶。

1935 年 7 月起，禁娼令全部執行後，各區妓院全部結業，塘西風月、麻埭花國及灣仔"大冧巴"等的風流韻事，煙消雲散。

與娼妓同時禁止的，還有自開埠以來一直領牌公賣的鴉片。可是，多家領牌銷售和吸食鴉片的"公煙館"仍繼續經營，禁煙令形同虛設。

和平後，主要的鴉片吸食架步為九龍寨城，以及各區的寮屋。當時昂貴的鴉片，已被白粉（海洛英）及紅丸等毒品所取代。

1870 年代，香港已有煙仔及雪茄生產，亦有若干間中外人士經營的煙廠生產煙仔，當中以南洋兄弟煙草公司及旺角的東方煙廠規模最大。同時，香港市面亦有多種外國牌子的產品。

數年前，當局實施室內及多個公眾場所禁止吸煙，對市民來說是一項德政，對煙仔的銷量有一定的影響。

# 第十五章

# 電影與影院

電影於 1895 年發明，一年後，已有外國的"形圖"在德輔道中與砵典乍街交界的域多利酒店"開演"，相信這等"形圖"即為電影。早期電影的上映或放映，多稱為"開演"。

1900 年，一間"喜來園"在荷李活道蓋搭帳篷，開演又稱為"明燈戲法"的電影。

此外，當時的電影又被稱為"影畫"、"影畫戲"、"轉動畫鏡"、"化學法戲"及"電光影戲"等。早期的放映場所，曾包括戲院里在內的多處空地，但最知名的，是中環街市對開之德輔道中新填地（即現恒生銀行所在）。在此開設的依次有簡陋的第一代香港影畫戲院、奄派亞戲院及和平戲院。

# 喜來園

啟者本公司所辦外國奕長奇巧明燈戲法不惜工本演界皆新令人舒懷悅目壯志爽心且有大壯奇觀之美景另有山水人物外國行兵打仗所有各國地面亭臺樓閣一一分明各款奇花異草野獸禽人車馬行走栩栩如生故事太多難以盡錄．諸君欲廣見聞幸無失此機會本園在荷李活道大十八號即坭街口二層

**每逢禮拜二四六開演由**

七點至七點半
八點至八點半
九點至九點半

每次頭位收銀壹毫　式位收銀五仙

幼童頭位收銀五仙　式位收銀三仙

每次演廿套

▲ 1900 年，喜來園在坭街（依利近街）口，與荷李活道交界開演（放映）"明燈戲法"（電影）的廣告。

◀ 約 1925 年的賣花街（雲咸街）。左中部的矮小建築為比照戲院，前方的布招正宣傳電影《差利與小孩》。

由1907年起，多間具規模又名“影畫戲院”、“影畫場”或“電影院”的戲院落成，包括雲咸街的比照；泄蘭街的亞力山打；皇后大道中的第二代香港影畫戲院；德輔道中的域多利及新世界；上環的九如坊和皇后大道東的東園。而重慶、太平、高陞及普慶等大戲園亦不時上映電影。多間影院備有俗稱“解畫佬”的宣講員，講解劇情，因迄至1930年的電影幾全為默片。部分影院亦印有介紹劇情的“戲橋”供觀取閱。

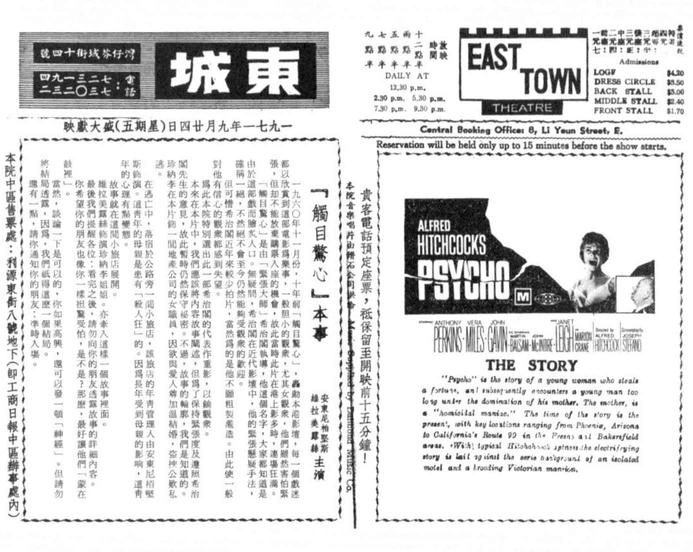

東城

灣仔芬域街十四號

電話：七二三一九四 七三〇二三二

一九七一年九月廿四日(星期五)盛大獻映

「觸目驚心」本事

安東尼柏堅斯 維拉美露絲 主演

一九六〇年十一月份，十年前「觸目驚心」轟動本港影壇，每一個戲迷都以欣賞到這部電影為樂事，一般胆小的觀眾，尤其女觀眾，他們雖然害怕緊張，但卻不能放棄購票入座的機會，故此當時此片在港上影多時，連場狂滿。

「觸目驚心」是由「緊張大師」希治閣執導，他這個名字，大家都知道是由於這部戲而膾炙人口。無疑問，希治閣在近代影壇中，他的緊張懸疑手法，確稱一絕，不然絕不會至今仍然能夠受觀眾的歡迎。

但可惜希治閣近年來較少拍片，當然爲的是他不願粗製濫造。由此使一般對他有信心的觀眾都感到失望。

爲此本院特別選出此一部希治閣的代表作重影，以饗觀眾。

本來在本片中，我們應該將內容故事闡述，但爲了保持緊張度及遵照希治閣先生的意見，故此暫時仍然保守秘密。不過，故事的輪廓，我們是知道的。珍納李在本片飾一間地產公司的女職員，因欲與愛人舉加溫結婚，盜挾公款私逃。

在逃亡中，落宿於公路旁一間小旅店，該旅店的年青管理人由安東尼柏堅斯飾演。這青年的母親是患有「殺人狂」的。因爲長年受到母親的影響，這青年的心理有點變態。

故事就在這間小旅店展開。

維拉美露絲飾演珍納李姐姐。亦牽入這樣一個故事裡面。

最後我們提醒各位：看完之後，請勿向你的朋友透露故事的詳細內容。你希望你的朋友也像你一樣担驚受怕，是不是？那麼，最好讓他們「蒙在鼓裡」。

當然，談論一下是可以的，你如果高興，還可以發一頓「神經」。但請勿將結局透露，因爲，我們祇得這麼一個結局。

還有一點，請你通知你的朋友：準時入場。

本院中區售票處：利源東街八號地下(即工商日報中區辦事處內)

貴客電話預定座票，祇保留至開映前十五分鐘！

本院音樂唱片由鑽石公司供給 Music Supplied by Diamond Music Co.

放映時間 十二點半 兩點半 五點半 七點半 九點半

DAILY AT 12.30 p.m. 2.30 p.m. 5.30 p.m. 7.30 p.m. 9.30 p.m.

EAST TOWN THEATRE

Admissions

| | |
|---|---|
| LOGE | $4.20 |
| DRESS CIRCLE | $3.50 |
| BACK STALL | $3.00 |
| MIDDLE STALL | $2.40 |
| FRONT STALL | $1.70 |

Central Booking Office: 8, Li Yeun Street, E.

Reservation will be held only up to 15 minutes before the show starts.

ALFRED HITCHCOCK'S PSYCHO

ANTHONY PERKINS · VERA MILES · JOHN GAVIN · MARTIN BALSAM · JOHN McINTIRE · JANET LEIGH as MARION CRANE

Directed by ALFRED HITCHCOCK · Screenplay by JOSEPH STEFANO

THE STORY

"Psycho" is the story of a young woman who steals a fortune, and subsequently encounters a young man too long under the domination of his mother. The mother, is a "homicidal maniac." The time of the story is the present, with key locations ranging from Phoenix, Arizona to California's Route 99 in the Fresno and Bakersfield areas. With typical Hitchcock aptness the electrifying story is laid against the eerie background of an isolated motel and a brooding Victorian mansion.

▲ 位於灣仔分域街與駱克道交界，東城戲院介紹電影“本事”的戲橋。

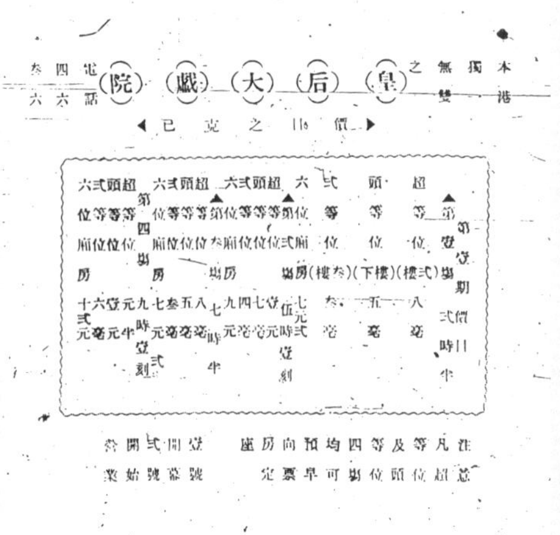

本港獨無雙之

皇后大戲院



◀ 香港影畫戲院改建落成的皇后戲院，於1924年5月1日開業的廣告，可見不同等級座位及票價。

▲ 皇后大道中與戲院里交界，約1920年。右方為第二代的香港影畫戲院，正上映偵探片《意外緣》。該戲院於四年後改為皇后戲院。

當時的影片多來自歐美及日本等地。約 1920 年，最受歡迎的是偵探片，以及差利卓別靈（Sir Charlie Spencer Chaplin Jr.）和“神經六”夏勞哀（Harold Loyld）主演的“諧畫”（滑稽笑片）。

1920 年代，香港有多家電影製片公司，當中包括位於天后區銀幕街一帶、曾攝製《胭脂》及《和平之神》、由黎民偉司理的民新製造影畫片公司；攝製《艷福難消》的滿天紅公司；攝製《從軍夢》及《香港大酒店火災》等的光亞公司；攝製《懺紅》的四匙公司和攝製《金錢孽》的兩儀公司等。

此外，還有大漢、龍華、四時、晨鐘、神州及震旦等公司，但所攝製的影片不多。

1930 年代的製片公司有聯華、大觀、南粵等，規模較大者為位於土瓜灣北帝街，由邵醉翁主理的“天一公司港廠”。而新加坡邵氏公司協理，及馬來亞戲院大王邵逸夫於 1936 年抵港。

此時著名的製片公司還有：大時代、真光、楊光，和出品名片《孤島天堂》的大地公司等。

▲ 德輔道中與林士街之間的新世界影戲院，約 1923 年。其左方為永安公司。（圖片由吳貴龍先生提供）

咳水
Jimmy's
KITCHEN
THE
GRAND DISPENSARY LTD.
CHEMISTS
&
DRUGGISTS.
PERFUMES & TOILET
PREPARATIONS
嘉齡大藥房
SALE SALE
SALE
SALE SALE
205
QUEEN
CAFE
KING'S
STUDIO
GRILL

◀ 約 1935 年的皇后大道中。右方為娛樂戲院及亞細亞行。左方的華人行可見占美餐廳的招牌。

從 1910 年代後期起，港島落成的新電影院有位於皇后大道中的皇后、娛樂及中央；水街的西園；灣仔菲林明道的東方；駱克道的國民及灣仔道的國泰；西灣河的長樂和香港仔的香島等。落成於 1931 年、位於皇后大道中 34 號的娛樂，為第一間“冷氣開放”的電影院。

九龍則有甘肅街的廣智；北京道的景星；眾坊街的光明和第一新以及附近的官涌；彌敦道的大華、平安、砵崙（後來改名為勝利）及彌敦；亞皆老街的新華；深水埗區的好世界、明聲、北河及深水埗；太子道的旺角；土瓜灣的文明；九龍城啟德濱的新九龍等。此外，還有新界的大埔戲院及元朗的同樂戲院。

上述電影院當中，於 1941 年 7 月落成開幕，位於欽州街的深水埗戲院，於同年 12 月九龍淪陷時被日機炸毀，成為香港史上最“短命”的戲院。

▼ 油麻地平安戲院、旺角有聲電影院及東樂戲院，和深水埗北河戲院的電影戲票，1934 年至 1936 年。平安戲院那張是“兵票”（軍人票，Servicemen）。

▲ 油麻地甘肅街的廣智戲院，約 1953 年。右方廟街口的恭和堂所在，現為平安大廈。

位於怡和街與邊寧頓街交界的豪華戲院，1956 年。所在現為百利保廣場。▶

▼ 位於軒尼詩道與波斯富街交界，1955 年開幕初期的紐約戲院。所在現為銅鑼灣廣場一期。

三十年代的香港名演員有：鄺山笑、吳楚帆、白燕、陳雲裳、張瑛，以及粵劇名伶馬師曾、薛覺先、唐雪卿、余麗珍，和藝名為“新靚就”的關德興等。

當時的著名影片有：《火燒紅蓮寺》、《午夜殭屍》、《白金龍》、《一代名花》、《風流皇后》及《大俠甘鳳池》等多套。

淪陷時期，有若干間戲院和電影院停業，太平戲院改為拘禁被強迫遣返內地港人的“宿泊所”；皇后戲院被易名為“明治劇場”，大部分戲院照常營業。稍後，若干間包括中央及高陞等的戲院，被改作“娛樂場”（賭場）。

當時的戲院主要為上演粵劇及白話劇。能放映的電影除少部分粵語片外，大部分為日本片，以及“滿洲電影公司”製作，若干部由李香蘭（山口淑子）主演的國語片。

整個三年零八個月淪陷期，除了一套部分在港拍攝的《香港攻略戰》外，香港的製片業完全停頓。

和平後開始迄至1960年代，電影製作業十分蓬勃，大量國、粵語片在香港拍攝。著名的製片公司有國片的永華、長城、新華、泰山、鳳凰、電懋及邵氏等。影片則有：《花外流鶯》、《小城之春》、《清宮秘史》、《女兒心》、《情竇初開》、《空中小姐》、《貂蟬》、《江山美人》、《樑上君子》、《阿Q正傳》、《家有喜事》、《千嬌百媚》、《楊貴妃》、《不了情》、《金枝玉葉》及《星星月亮太陽》等。

▲ 灣仔告士打道六國飯店（酒店）東鄰的金城戲院，於1951年開幕的廣告。戲院所在現時為富通大廈。

著名的影星包括：周璇、劉瓊、夏夢、林翠、傅奇、石慧、嚴俊、李麗華、尤敏、趙雷、林黛、關山、李湄、陳厚、樂蒂及朱虹等。

而粵語片佳作則有：《家》、《春》、《秋》、《雷雨》、《檳城艷》、《黃飛鴻》片集、《追妻記》、《人海孤鴻》、《樓下閂水喉》、《難兄難弟》、《神鵰俠侶》、《仙鶴神針》及《蘇小小》等多套。

男女著名影星，包括關德興、曹達華、張活游、紫羅蓮、梅綺、李清、容小意、謝賢、南紅、白露明、嘉玲、周驄、白茵、陳寶珠、蕭芳芳、呂奇、曾江、丁瑩、羅蘭，以及粵劇名伶馬師曾、新馬師曾、紅線女、鄧碧雲、余麗珍、任劍輝、白雪仙、羅艷卿、芳艷芬、林家聲、麥炳榮及鳳凰女等多位。

1

2

3

4

而著名的粵語片製作公司有：大成、中聯、華僑、影藝、光藝、新藝、嶺光、新聯、麗士、港聯等多間，以及電懋和邵氏的粵語片組。

上述公司曾出品多部製作嚴謹的影片，深獲好評。可是，當時亦有為數不少被形容為“七日鮮”（即一套電影於七天之內拍竣）的粗製濫造製作。

1 1950 年代中，國語片影星李麗華與嚴俊。

2 國語片影星葛蘭，約 1958 年。

3 粵語片影星梅綺，約 1955 年。

4 粵語片影星張活游與白燕，約 1958 年。

5 粵語片影星曹達華，約 1960 年。

6 1960 年，在文武廟旁樓梯街，名片《蘇絲黃的世界》拍攝中之情景，相中外籍演員為威廉・荷頓（William Holden）。

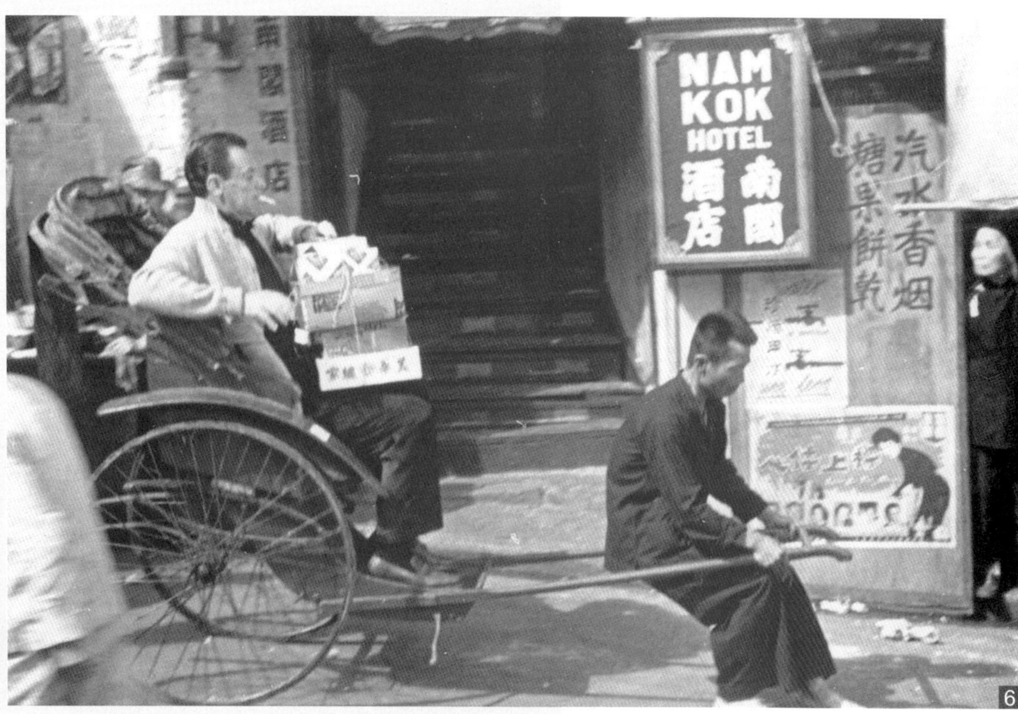

由戰後至 1970 年代初，電視未普遍之前，電影院為闔家最佳的娛樂及遣興場所。亦為情侶的"鑄情"聖地。早期，一張戲票可攜一名（甚至兩名）小童觀看，到了 1961 年起，嚴格執行"一人一票"條例，但仍阻止不了市民"睇電影"的熱情，由和平後起，大量新電影戲院落成。

1

這批大部分為美侖美奐的新戲院中，有 1940 年代後期的中華、快樂、樂聲、百老匯及元朗的光華。

2

3

1950 年代的新戲院有：域多利、環球、金陵、真光、大世界、仙樂、金城、京華、由中華改建的麗都、樂宮、璇宮（1958 年易名為皇都）、新舞台、由勝利改建的麗斯、都城、豪華、百樂門、金星、紐約、金華，以及鴨脷洲的明園、長洲的金門戲院、新界的荃灣戲院及沙田戲院等多間。

1960 年代的新戲院有：麗聲、重建的皇后、英京、樂都、東城、銀都、由景星改建的新聲、美麗宮、麗宮、寶聲、總統、南華、麗華、金冠、京都、國賓、新光、海運、寶石、觀塘、珠江、金門、英華、金國、亞洲、民樂、黃金、荷李活、南洋、百樂、新都、福星、嘉禾及翡翠等。

1970 年代初開業的戲院有明珠、凱聲及華盛頓等若干間。

1 1952 年，北角英皇道璇宮戲院的開幕廣告。璇宮於 1958 年易名為皇都。

2 灣仔大佛口莊士敦道（右）與軒尼詩道交界，約 1962 年。右方蘭杜街口可見麗都戲院的招牌。

3 位於佐敦道與上海街交界的快樂戲院，1992 年。

4 位於旺角砵蘭街與豉油街交界的南華戲院，1994 年。

5 位於九龍城福佬村道即將拆卸的國際戲院，1998 年。

4

5

▲ 位於旺角彌敦道與亞皆老街交界的百老匯戲院，約 1955 年。於 1968 年改建成滙豐銀行大廈。

六、七十年代為戲院全盛期，可是，由當時開始多間戲院陸續被拆卸，改建為商住樓宇，最顯著的是旺角的百老匯於 1968 年被改建為滙豐銀行大廈；麗聲及凱聲於 1990 年代被改建為始創中心；娛樂被改建為娛樂行等。

除娛樂戲院外，包括皇后、中央、新世界、高陞、真光、太平、金陵及福星的中西區戲院已全被拆卸，現時中西區只有一間位於機鐵站的迷你戲院。

說到港九現時碩果僅存的戲院，只有港島的總統、新光及九龍的油麻地戲院。灣仔的京都及北角的皇都已被改作商場。銅鑼灣的新都，以及一間位於北角和一間位於田灣的戲院，已被改作宗教聚會場所。

1 中環皇后戲院，1995 年。

2 落成於 1930 年的油蔴地戲院，攝於 1995 年。該院當時提供可連續觀看“成人三級電影”的“連環場”。

# 第十六章

# 歌壇

1921年，位於皇后大道西42至46號的武彝仙館茶樓（後來轉變為"雲香"，所在現為屋苑"賴恩樓"），首先設置歌壇。當時演唱的女伶有：胡雪英、李飛雄、文華妹、靚冬梅、少蓮子、西施英及梅蘭方（不是京劇大師梅蘭芳）。

早期的女伶，又名歌姬、歌伎、歌女及梨花，是在塘西妓院由鴇母培訓者，若成材則往各歡場及酒樓唱曲，不成材者則被賣落妓院操迎送生涯。

1925年省港大罷工期間，多間茶樓紛紛設立歌壇，掙扎求存。當中包括馬玉山、高陞、嶺南、得雲、得名、如意、公共、杏花、時樂及金山等。位於永樂街的如意茶樓，亦出版一本歌壇專刊《歌聲艷影》。同年，上海音樂大家呂文成抵港獻技。

當時著名的歌伶有：月影、飛影、麗華、二妹、奔月、妙蓉、馥蘭、洪文閣及桂青等。月影後來正名為張月兒，一直獻藝至1970年代。

◄ 早期曾為歌壇，位於皇后大道中與水坑口街交界的富隆大茶廳，1977 年。正中是金華酒家。

1930 年，著名的男歌伶有：白駒榮、陳非儂、靚少鳳、大傻及林坤山。女伶則有：湘文、碧雲、瓊仙及西麗霞等。香港電台亦常播放上述歌伶的歌曲。

1935 年 6 月 30 日後，所有娼院妓館因當局實施禁娼而關門停業，不少妓女變身為歌姬在各酒樓食肆及俱樂部獻唱。

1939 年，為紀念七七抗戰兩周年，多位名伶包括張月兒、小明星、小燕飛、佩珊及靜雯等，在先施公司天台茶座、蓮香茶樓及陶園酒家舉行義唱以籌款救國。同時，襄此義舉者，還有塘西青樓名妓變身的多名歌姬。

1

2

當時，設有歌壇的茶樓，除先施天台和蓮香外，還有太昌（稍後為襟江）、高陞、雲香、冠海，以及九龍的雲來及大昌等。

淪陷初期，各區的茶樓茶居歌壇一度恢復熱鬧，不少歌伶繼續獻藝。

1 歌伶何月好，1929 年。

2 歌伶銀仔，1930 年。

3 歌伶靜霞，1930 年。

4 歌伶月英（右）及笑卿，1930 年。

1942 年 9 月 8 日，音樂界以及包括小燕飛等的多位名伶，在“明治劇場”(皇后戲院)，為於 9 月 2 日在廣州逝世的名伶小明星(鄧曼薇)，開悼念演唱會，籌款接濟其家屬。

1943 年，歌伶張月兒、玉華、影荷及碧玲等，在陶園酒家演唱。名歌伶鍾雲山及李少芳亦曾由廣州來港在國民戲院獻唱。到了 1945 年，因用電限制及市民生活困苦等原因，各區的歌壇全告停止。

和平後的 1946 年，各茶樓酒家的歌壇陸續恢復，張月兒、白楊、楊蕙薇在英京酒家獻唱。

1949 年的歌壇，有先施公司天台、新光酒家、高陞及蓮香茶樓等。

1950 年的女伶有：李燕屏、梁麗、伍木蘭、李慧、蔣艷紅、梁瑛等。

1954 年 1 月初，多位男女紅伶義唱籌款，賑濟十多天前的聖誕夜在石硤尾大火喪失家園的災民，假蓮香及高陞茶樓之歌壇舉行。義唱紅伶有：徐柳仙、冼劍麗、何鴻略及張月兒等。

1950 年代，各茶樓的茶價為 2 至 3 毫，高陞三樓歌壇的茶價為 8 毫，餅點及粉麵的價格則相同。

1960 年，為歌壇興旺的一年，除高陞、蓮香、添男等茶樓外，不少酒樓亦設有歌壇，如油麻地金漢酒樓的“今樂府”歌壇，當時電台亦轉播。

稍後，因收音機廣泛流行，無綫電視啟播，以及不少茶樓因拆樓而結業，歌壇漸趨式微。

1 著名歌伶小明星（原名鄧曼薇），於1942年9月2日在廣州逝世。（圖片由吳貴龍先生提供）

2 名伶鍾麗蓉，1954年。

# 第十七章 粵劇與大戲園

約 1865 年，首間上演大戲（粵劇）的大來戲園，在西營盤第一街開業。隨後約 1868 年至 1870 年，位於太平山街的昇平（後來易名為普樂）和同慶，以及位於皇后大道西"雀仔橋"對面的高陞戲園開業。街市街（普慶坊）的同慶於 1890 年代改名為重慶。

當時，除本地的"戲子"（粵劇演員）外，亦有若干來自廣州的"紅船"梨園者。

1880 年的《循環日報》曾刊載一宗紅船的劫案。述及當年歲晚，因紅船戲班無人僱之演戲，伶人紛紛回家度歲，紅船灣泊於省城河畔。農曆十二月二十七日，有一泊於同德大街碼頭的紅船，只有數人留守。下午，有人乘小艇數艘泊近，聲稱是某衙書役查私緝匪，隨即過船搜查，掠去貴重物件及戲服等，從容而去，船內人員袖手旁觀，不敢詰問。從上述新聞，可窺紅船的一鱗半爪。

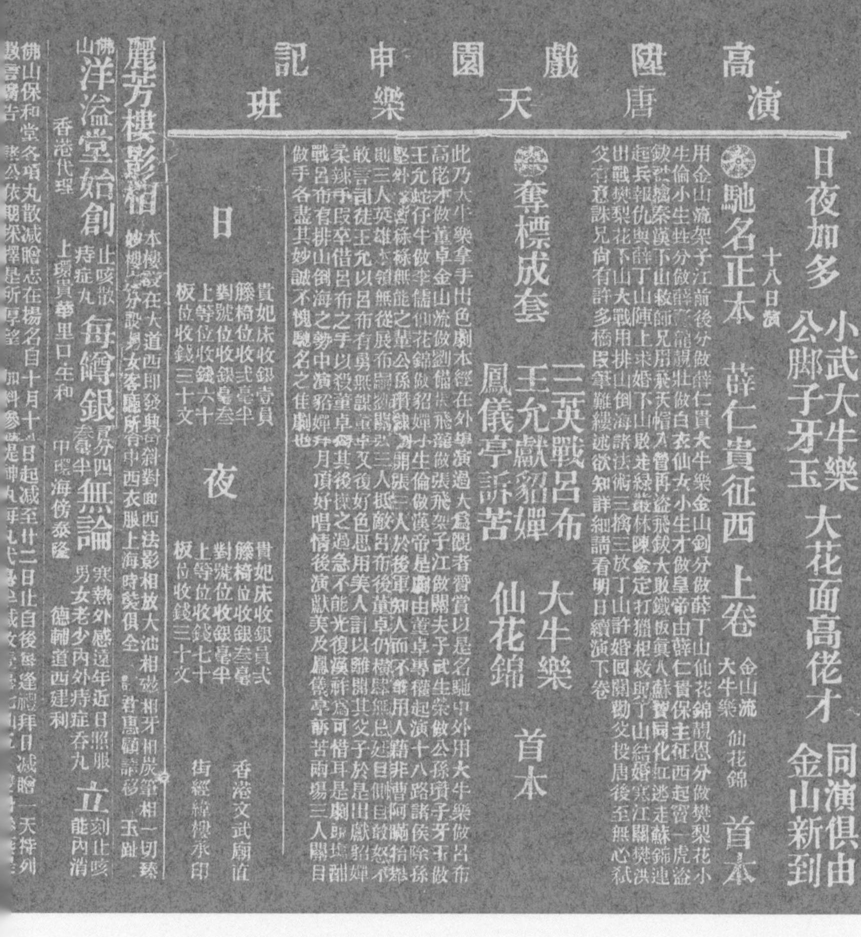

高陞戲園申記

演唐天樂班

日夜加多 小武大牛樂 公腳子牙玉 大花面高佬才 同演俱由金山新到

十八日演 馳名正本 薛仁貴征西 上卷 金山流 大牛樂 仙花錦 首本

奪標成套 三英戰呂布 王允獻貂嬋 鳳儀亭訴苦 大牛樂 仙花錦 首本

日 貴妃床收銀壹員 藤椅位收弍毫半 對號位收銀叁毫 上等位收錢六十 板位收錢三十文

夜 貴妃床收銀員弍 藤椅位收銀叁毫 對號位收銀毫半 上等位收錢七十 板位收錢三十文

香港文武廟直街經緯樓承印

麗芳樓影相

洋溢堂始創 每罇銀

◀ 高陞戲園在報章刊登的廣告，約 1900 年。

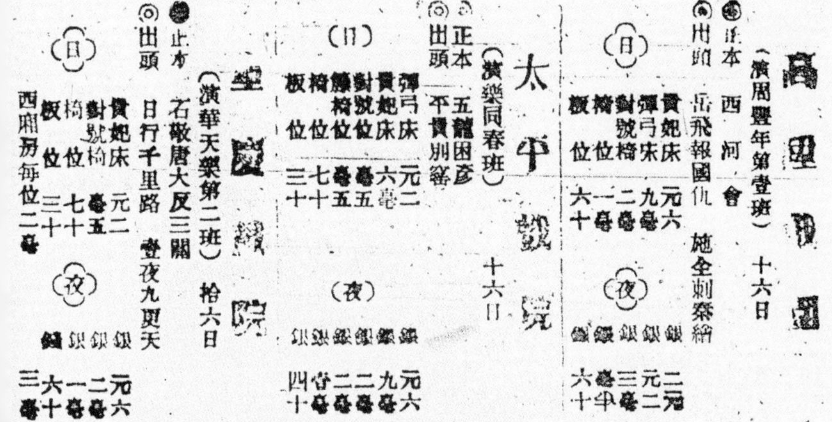

高陞戲園 （演周豐年第壹班） 十六日

正本 西河會

出頭 岳飛報國仇 施全刺秦檜

太平戲院 （演樂同春班） 十六日

正本 五龍困彥

出頭 平貴別窰

重慶戲院 （演華天樂第二班） 拾六日

止本 右敬唐大反三關

出頭 日行千里路 晝夜九更天

◀ 1911 年高陞戲園、太平戲院及普慶坊重慶戲院的廣告，當時有周豐年、樂同春及華天樂戲班。

踏入二十世紀，不少新落成戲園名稱改為戲院，不少戲園於放映電影時亦名為戲院。

九龍的第一間大戲院為落成於 1902 年、位於油麻地的普慶，依次為落成於 1931 年位於水渠道口（現聯合廣場）的東樂。

二十世紀起，有不少戲班在各區的空地上蓋搭棚蓬演出。不少為配合各種神誕或建醮、節慶等，被稱為"神功戲"。

港島的新大戲院有落成於 1904 年、位於石塘咀的太平；約 1911 年的九如坊；1919 年的和平（現恒生銀行總行所在）；1925 年波斯富街的利舞台；1930 年上環皇后大道中 270 號的中央等。

1900 至 1930 年代，有包括國天香、人壽年、周豐年、瓊山玉、祝華年、寰球樂及大中華等多個戲班在各大戲園、戲院演出。1910 年代起，亦有多個全女班演出各類名劇。

當時的票價，由最平"板位"的港幣 4 仙，至"貴妃床"的港幣 8 元不等。最貴的是與戲台上大佬倌近距離接觸的第一行。不少塘西紅牌名妓將整行"包"起，一個人觀看，以向台上男伶獻媚。

1909 年，港人在高陞戲園設宴款待抵港之清朝王爺載洵及大臣薩鎮冰。宴後，上演人壽年班粵劇，籌款捐建香港大學。

1925 年，太平戲院聘"香閨艷影"全女班，演通宵戲賀冬節。

1936 年，編劇專家南海十三郎（原名江譽鏐），最新編之名劇《江南廿四橋》在中央戲院演出。

# 燕華年劇團

麥志勝主理

羽佳
鄭碧影
李景君
曾雲飛
林少芬
何文煥

情商客串：石燕子

◀ 1969 年，在大澳上演神功戲的燕華年劇團，大佬倌為羽佳及鄭碧影。

▼ 位於皇后大道中 270 至 276 號，大戲園及電影院的中央戲院，約 1938 年。

1941 年，有一“省港黃秋浦頭笠店”在皇后大道中 259 號開設，供應頭笠、盔甲、鬚髮縐紗、戲靴及油彩等戲劇工具予戲班。

在淪陷初期的 1942 年，不少戲班在日軍當局的命令下仍然演出，早期的戲班有：覺先聲、勝利年、共榮華及新香港等。主要的佬倌有：廖俠懷、新馬師曾、靚次伯、白駒榮、李海泉、鄺山笑、羅品超、唐雪卿、上海妹、余麗珍、羅艷卿及泰小梨等。

後來，大部分佬倌離開香港，加上當局收緊政策以及停電等種種原因，粵劇漸趨沉寂。

和平後的 1949 年，常上演粵劇的戲院只有高陞、中央和普慶。當時以苦情戲如《梁天來》、《金葉菊》等最賣座。在五、六十年代，上演大戲的時段為晚上 7 時至 11 時半。頭場多演《六國大封相》。當時一票可攜一、兩名小童入內。上演期間不斷有人推銷零食、飲品以至甘蔗等，散場時一地“蔗渣”，十分壯觀。不少人踏着木屐進場，一次高陞戲院虛報“火燭”觀眾爭相奔逃，事後掃獲多籮木屐，成為趣聞。

1954 年 3 月起，粵劇戲班全面停鑼，因紅伶酬金高漲，使戲班收入無法平衡。再者，因拍電影之片酬高又無粵劇之刻苦，大多數紅伶改拍電影。大部分位於擺花街及威靈頓街，經營戲服之顧繡店亦隨之陷入困境。當時的名顧繡店有：中環的嶺南、錦章、祥泰、美華及深水埗的華寶等。

五十年代中後期，任劍輝、白雪仙的多齣戲寶如《再世紅梅記》、《紫釵記》、《帝女花》等吸引了大量戲迷，掀起了一番熱潮。

俟後迄至整個 1960 年代，粵劇亦經歷多次高低潮。後來，因社會節奏步向急促，加上年輕一代口味改變，粵劇趨於平靜。

當時的主要粵劇戲院為利舞台。該戲院氣派一流，職員制服端莊。1980 年代初，某大外資銀行的女職員制服，被取笑為“利舞台帶位裝”。

1982 年開始，粵劇恢復興旺。到了 1989 年，因電影市道不景，導致不少戲院出租予戲班上演粵劇。當時經常演出的戲班，計有林家聲和李寶瑩的頌頌榮華；羅家英及汪明荃的福陞；林家聲和陳好逑的頌新聲，以及雛鳳鳴等。

近年，經常上演粵劇的戲院為北角的新光，2012 年起，增加了油麻地戲院。

▼ 位於波斯富街與霎東街交界的利舞台大戲院，1986 年。（圖片由陳創楚先生提供）

# 第十八章 舞廳與舞院

1929 年，已有外籍女子在塘西風月區的和合街及灣仔道教授跳舞。

1932 年，港九共有跳舞場二十多間，多名為學院，年輕貌美的舞女，應接不暇。亦有人在省港輪船中設跳舞場。

1936 年，跳舞場業務衰落，大場只餘下三間，而二等場亦只有三、四間。賣出的舞票比上一年銳減。不過，較體貼客人之舞女，生意尚不錯。

1937 年，石塘咀廣州酒家五樓被改作銀都舞廳，場內有名為交際花的舞女，亦設伴奏的菲律賓樂隊。

▲ 1930 年，舞女曼娜的影像。

▼ 位於德輔道中 22 號新大華舞院，以及娛樂行國泰舞院的廣告，約 1938 年。

1941 年，因人口大增，舞院舞廳業趨於蓬勃，當中有中區的大華、中華百貨公司頂樓的中華、皇室行頂樓的百樂門、石塘咀金陵酒家內設的金陵、富春樓及駱克道的國泰等。而七姊妹麗池泳場內亦設有舞池。

同年，大量上海舞星來港，在金陵及各舞廳“候教”。

同年 3 月 11 日，“婦女慰勞會”主辦舞星選舉，選出冠軍李明、亞軍吳曼華及季軍李小妹。

日治時代的 1945 年初，第二任總督田中久一，批准在各大酒樓、酒家、酒店、戲院以至原來的舞廳開設娛樂場，共有 28 處。娛樂場內設酒吧、舞廳以及賭場等。

和平後，社會漸趨穩定，多間舞廳復業。設於中環的百樂門舞廳，為全港的第一間冷氣舞廳。1947 年，該舞廳的舞女罷工，被報章形容為“火山爆發”。由戰前迄至 1970 年代，往舞廳“腳震”（跳舞）的舞客，被稱為“火山孝子”。

1950 年的大規模舞廳，有中環的大華、中華、百樂門、京都、麗都；灣仔的巴喇沙、大都會、昇平、金鳳池及英京；九龍的金殿、維也納及銀星等。

其他規模較小稱為舞院者，有中環的香城、瑤池；東區的大滬、巴西、中央、紅樓、莎樂美、荷李活、國泰、華都、夢鄉、鳳凰池；九龍的月宮、巴黎、百老滙、雲裳及璇宮。此外，荔園遊樂場內亦設有舞廳。

仙樂大舞廳夜花園今晚展開錦幕

背山臨海 消暑勝地

特請海上名舞友 魚鴻英小姐揭幕

並請舞國紅星剪綵

（鐵定即晚登場候教）

小姐

黃佩佩 客串時代名曲

秦燕 伴舞

雪飛 歌唱

顧媚

地址 石塘咀廣州酒家頂樓

電話？二二九九三

勢必擁擠 務請早臨

◀ 1950 年，廣州酒家頂樓仙樂舞廳開幕廣告。

▲ 皇后大道中與德己立街交界，在安樂園樓上有一瑤池舞院，約 1952 年。

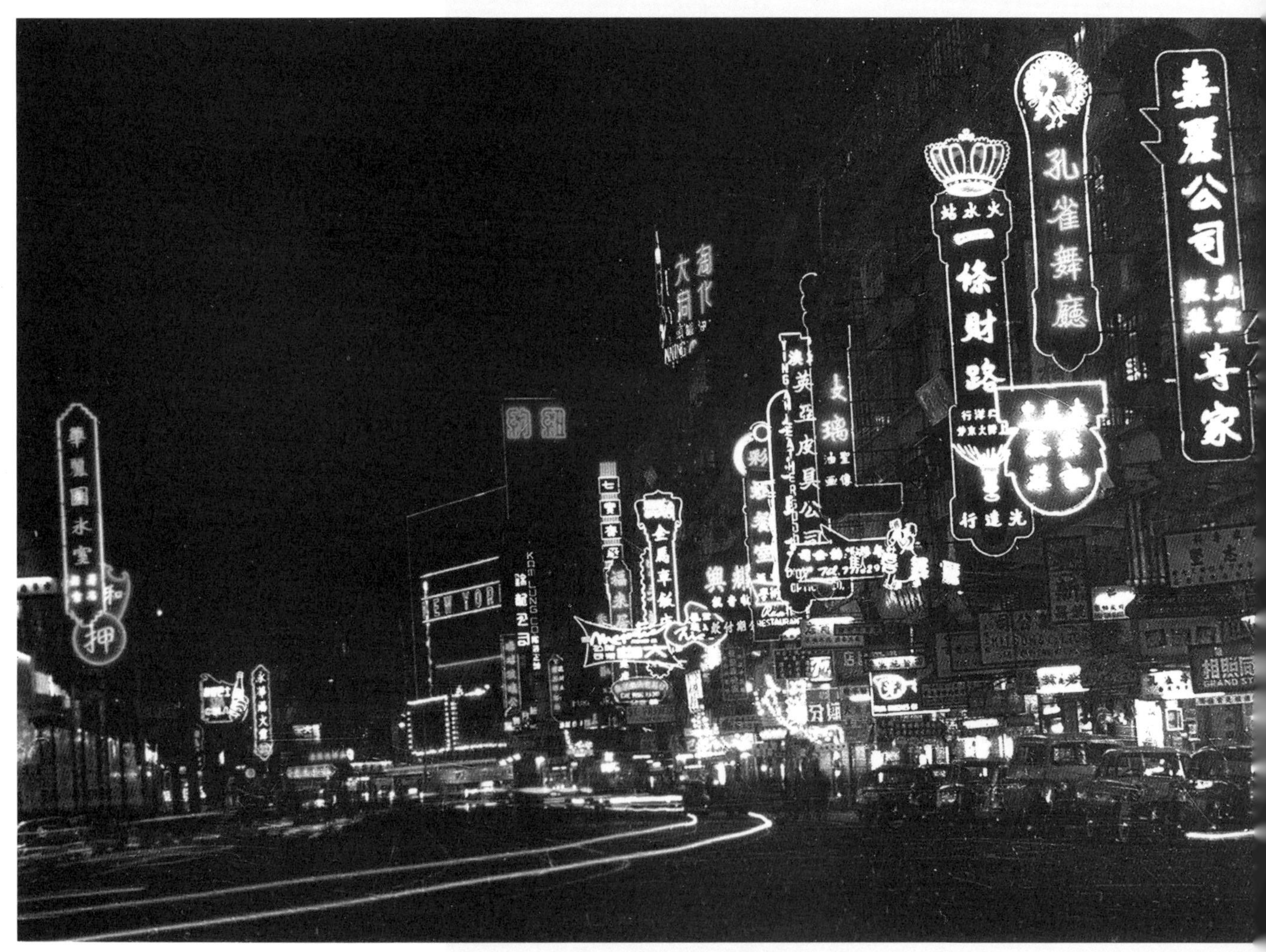


▲ 由怡和街西望軒尼詩道，約 1962 年。右方有一孔雀舞廳，所在現為崇光百貨。

1949年至1950年間，大量上海紅舞星湧港，但對本地的舞女影響不大，當時的報章有大量"招請舞伴"的廣告。

五、六十年代，"上舞廳"為不少職員、店員的生活習慣之一，經濟條件稍差的則往跳所謂"孤寒舞"的茶舞。1958年開業，位於李寶椿大樓的月宮夜總會，於7時的茶舞時段，吸引了一大班低消費的"飛男飛女"光顧。

除月宮外，當時中區的舞廳還有：迷樓、金馬；東區的昇平、金像獎、杜老誌、瓊樓，以及九龍的東方及瓊天等。灣仔告士打道與菲林明道交界的金鳳池，股東之一為珠寶界李姓人士，吸引了不少珠寶金行從業員的"孝子"前往捧場。稍後，較著名的有同位於駱克道的新加美及富士。

# 第十九章

# 商營遊樂場

香港最早的遊樂場，是位於跑馬地、開業於 1903 年的怡園及愉園，以及數年後於毗鄰開業的樟園。其園內皆設有花圃、盆景、電影場及食肆，亦可在場內觀看賽馬；愉園並設有動物場。各場皆於晚上大放煙花。

1910 年至 1918 年間，愉園提供由該遊樂場至鵝頸橋之間，港島首設的巴士服務。不過，愉園終於 1922 年結業，原址改作養和醫院。

1915 年，位於西環現太白台所在的“李苑太白樓”開幕，內設亭台樓閣及池塘。有歌伶演戲唱曲，及木偶戲表演，並提供中西式宴飲，該遊樂場主要吸引塘西妓女和飲客。

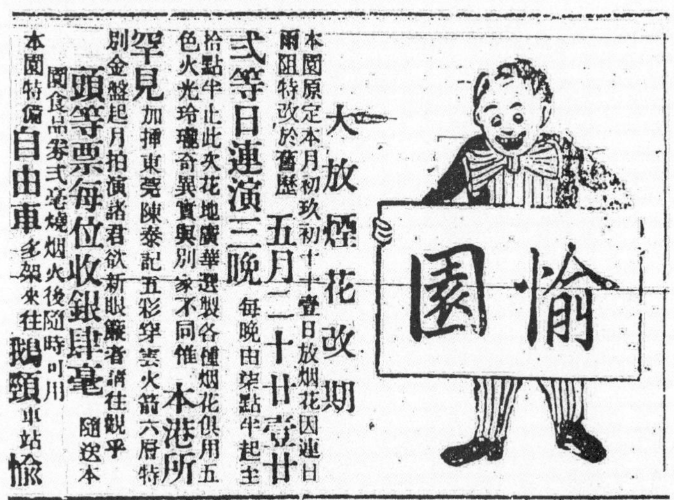


▲ 開業初期的愉園遊樂場（Happy Retreat），約 1905 年。

◀ 1918 年，愉園遊樂場的廣告。該場備有往來鵝頸橋之間的自由車（不需路軌而可行駛的汽車），始於 1910 年，為港島最早的巴士。

東區
遊樂場
是娛樂大集團

有
粵曲歌藝
中西舞蹈
技藝表演
新奇遊戲

溜冰場
雪展靚
場地滑
秩序好
招呼妥

義助 平津 一時
新友社
准十九晚八時在石塘嘴陶園酒家三樓登台
[illegible]美霞 汪佩君 鄭美艷
劉桂田 朱俊良 翁樂梅
張筱秋 馬桂芳 楊山芊
劇目：十九日晚 黃金滿台 二本虹霓關
廿日晚 貴妃醉酒 黃鶴樓

▲ 1941 年，東區遊樂場的廣告。

1918 年，位於北角明園西街與書局街之間的名園遊樂場開業，內有酒店及樓亭食肆，不時上演粵劇及馬戲，每於端午節辦龍舟競渡。1923 年，該場亦提供由名園至石塘咀的公共巴士服務。武師林世榮曾在此獻技，東華醫院亦在此演戲籌款。

1923 年，銅鑼灣的渣甸山易名為利園山，上設一遊樂場。場內有俱樂部及一間利園戲院及茶室，其旁的波斯富街亦於 1925 年建成一間利舞台戲院。利園山上有老榕樹及疊石穿池，並有包括觀音的神佛像多座，景色怡人。東華三院亦曾在此舉辦籌款的遊樂會。

1939 年，位於怡和街與邊寧頓街之間的東區遊樂場，又名銅鑼灣遊樂場，在原怡和貨倉地段上開幕。內有溜冰湯，以及上演京劇、粵劇和潮（州）劇的劇場。亦有名為“南海天堂”的機動遊戲。該遊樂場於 1952 年結業後，曾建成豪華戲院。所在現為富豪酒店及百利保廣場。

1940 年，位於七姊妹與鰂魚涌之間，英皇道旁的麗池游泳場開幕，設有立體泳池及海濱冰場，並有餐廳及舞場。於淪陷時期，被改名為“豐國海水浴場”。和平後，該地名為麗池花園，除泳場外，還有舞廳、夜總會及西餐廳，曾舉辦多屆香港小姐選舉。1950 年代後期，曾易名為新麗池，連同夜總會一直經營至 1960 年代中。

▲ 鰂魚涌新麗池遊樂場的泳場，約1960年。

1948 年 5 月 22 日，由一石姓美洲華僑投資一百多萬元建立最初名為"荔枝角花園"及"荔枝園"的荔園開幕，內有四個泳池，以及溜冰場、馳馬場及水上單車等玩意，主持人為一外國人忌連威氏。

該場於 1950 年代及 1961 年曾易手，後來增設電影院、粵劇場及艷舞場，以及多種機動遊戲，還有水上舞廳及音樂茶座。

1970 年代初，荔園旁加建一座以吸引遊客為主的"宋城"。

1

2

1 1948 年，荔枝園（荔園）的廣告，該遊樂場於 5 月 22 日開業。

2 荔園全景，約 1955 年，正中為大門口。

3 荔園內的香口膠擲毫博彩攤位，約 1985 年。

4 開設於荔園旁，另一遊樂場“宋城”的古裝表演，約 1985 年。

1949 年 12 月，位於北角熙和街與月園街一帶的月園遊樂場開幕，內有戲院、溜冰場及機動遊戲，到了 1954 年易名為“大世界遊樂場”，但於同年稍後結業。此遊樂場曾吸引不少港島區的成年市民，前往觀看曾被當局控告“跳得鹹濕”的艷舞。

同由月園郭姓東主開設、位於旺角東方煙廠部分地段（所在現為信和中心）的明園遊樂場，於 1950 年開幕，裏面亦有機動遊戲及表演等。但因場地不大、設施不夠多，卻收 5 毫入場費，最後因遊人不足而於 1952 年結業。

同位於旺角，亦有一座開業於 1950 年、位於荔枝角道與弼街交界的天虹娛樂場，但於 1951 年結束，稍後改建為大世界戲院。

另一座頗具規模的啟德遊樂場，於 1965 年在新工業區新蒲崗彩虹道落成，內有摩天輪、過山車等機動遊戲，亦有電影院和劇場，最後於 1980 年代初結業。

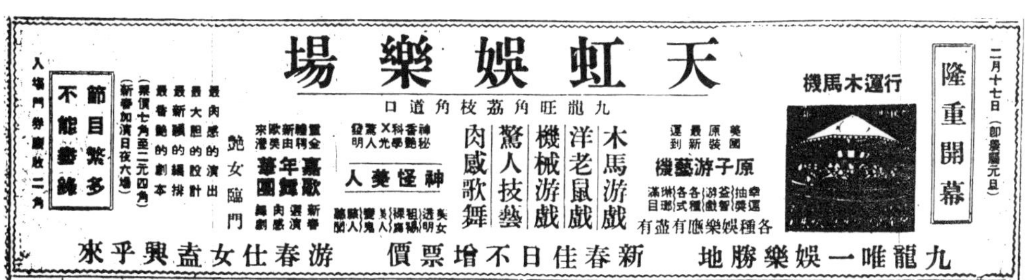


▲ 位於旺角荔枝角道口，天虹娛樂場的開幕廣告。

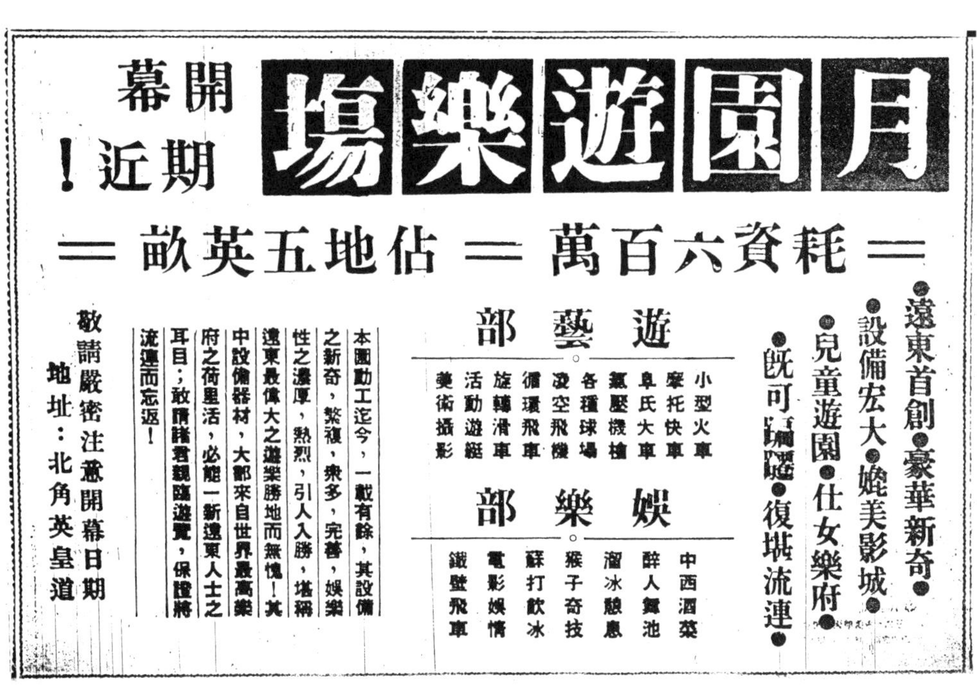


▲ 1949 年，位於英皇道近北角道的月園遊樂場的開業預告。

▲ 虎豹別墅全景，約 1955 年。該別墅於 1936 年開放，當中免費供市場遊覽的別墅及附設的萬金油花園，市民視為上佳的遊樂場。春節期間每天有數萬人入場參觀。該花園於 2001 年結束。

由荔園邱氏主人經營位於新界的荃灣遊樂場，於 1960 年代初開張。

開業近半個世紀的荔園遊樂場連同宋城，於 1997 年 3 月底結業。長達百年的遊樂場風情，正式成為歷史。

2015 年 6 月 26 日，荔園在中環區臨時舉辦兩個多月，曾引起市民的懷舊熱潮。

▲ 在西港城對出空地舉辦之"上環大笪地"，2003 年。

# 第二十章

# 酒店與旅遊

開埠初期的1841年至1844年，已有若干間商業樓宇接待遊客，當中有連氏酒店（Lane's）、滑鐵盧酒店（Waterloo）及商業酒店（Commercial）。

1850年代，一間Hotel de l' Univers於鋤（掘）斷山街（荷李活道）與皇后大道西交界開設。1874年，該酒店曾接收被甲戌颶風吹毀之西營盤國家醫院的病人。

位於皇后大道中、畢打街與海旁中（德輔道中）交界的顛地洋行，於1867年倒閉，原址改作香港大酒店（Hong Kong Hotel），於1868年2月開幕。該酒店位於德輔道中的部分，於1890年代初重建為六層高之大樓，而皇后大道中的部分則於1909年重建。

▲ 1870 年代的中環畢打街，寶靈海旁中（德輔道中）的左方是原為顛地洋行的香港大酒店，右方是渣甸行（怡和洋行），前方為畢打碼頭。

1

約 1890 年，有一位間於德輔道中與砵典乍街之間的域多厘酒店。香港最早的電影於 1896 年曾在該酒店上映。稍後，一間新域多厘酒店（後來改名為維多利亞酒店），開設於泄蘭街並一直經營至 1970 年代，迄至該地段興建新世界大廈為止。

位於德輔道 8 號的大型英皇酒店於 1904 年開幕。1924 年，知名人士廖仲愷曾居於此。1929 年，該酒店大火被焚毀，後於 1931 年改建為中天行及思豪酒店。

由十九世紀起，不少酒店於皇后大道中開設，較著名的有：

2 號的湯蔴士花旗酒店；

10 號的域多利公寓（後改作京都酒店及宏興行）；

13-17 號的康樂酒店（後改為丫士打酒店、洲際酒店、勝斯酒店及公主行）；

14 號的甘倫酒店；

28 號的皇后酒店；

34 號的中西酒店（該原為第一代香港會的建築物，後改為威士文酒店、波田摩酒店及娛樂戲院）；

70 號的新遊客酒店；

100 號的雪鐵龍酒店。

而在附近的酒店，還有：

畢打街 21 號的萬順酒店（後改為於仁行）；

干諾道中與德忌利士街交界的野村酒店；

干諾道中與砵典乍街交界的東京酒店；

雲咸街 2 號的波田摩酒店；

麥當奴道的 King' s Clare Hotel；以及

山頂區於十九世紀後期開幕的柯士甸酒店。

1 由皇后大道中望畢打街，約 1923 年。右方兩幢為重建於 1890 年及 1909 年的第二代香港大酒店。正中的萬順酒店已改作於仁行。左方為由舊郵政總局改建中的華人行。

2 1906 年，石塘咀新水坑口（山道與皇后大道西交界），上海酒店的收費廣告。

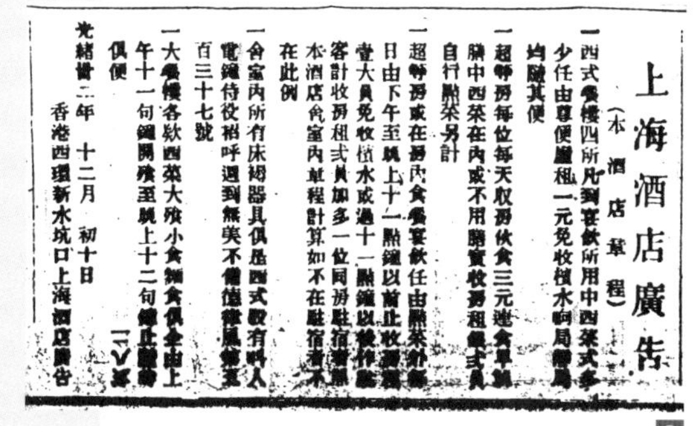

上海酒店廣告

（本酒店章程）

一西式餐樓四所凡到宴飲所用中西菜式多少任由尊便[illegible]租一元免收[illegible]水[illegible]局[illegible]均隨其便

一超等房每位每天取房伙食三元連食早[illegible]餐中西菜在內或不用膳實收房租[illegible]式[illegible]自行點菜另計

一超等房或在房內食餐宴飲任由點菜[illegible]日由下午至晚上十一點鐘以前止收[illegible]壹大員免收茶水或過十一點鐘以後[illegible]客計收房租式員加多一位同房駐宿[illegible]本酒店食室內章程計算如不在駐宿者不在此例

一合室內所有床褥器具俱是西式設有叫人電鐘侍役招呼週到無異不備[illegible]百三十七號

一大餐樓各款西菜大餐小食俱全由上午十一句鐘開餐至晚上十二句鐘[illegible]俱便

光緒卅二年 十二月 初十日

香港西環新水坑口上海酒店謹告

POST OFFICE
175
GLASTER BUILDING

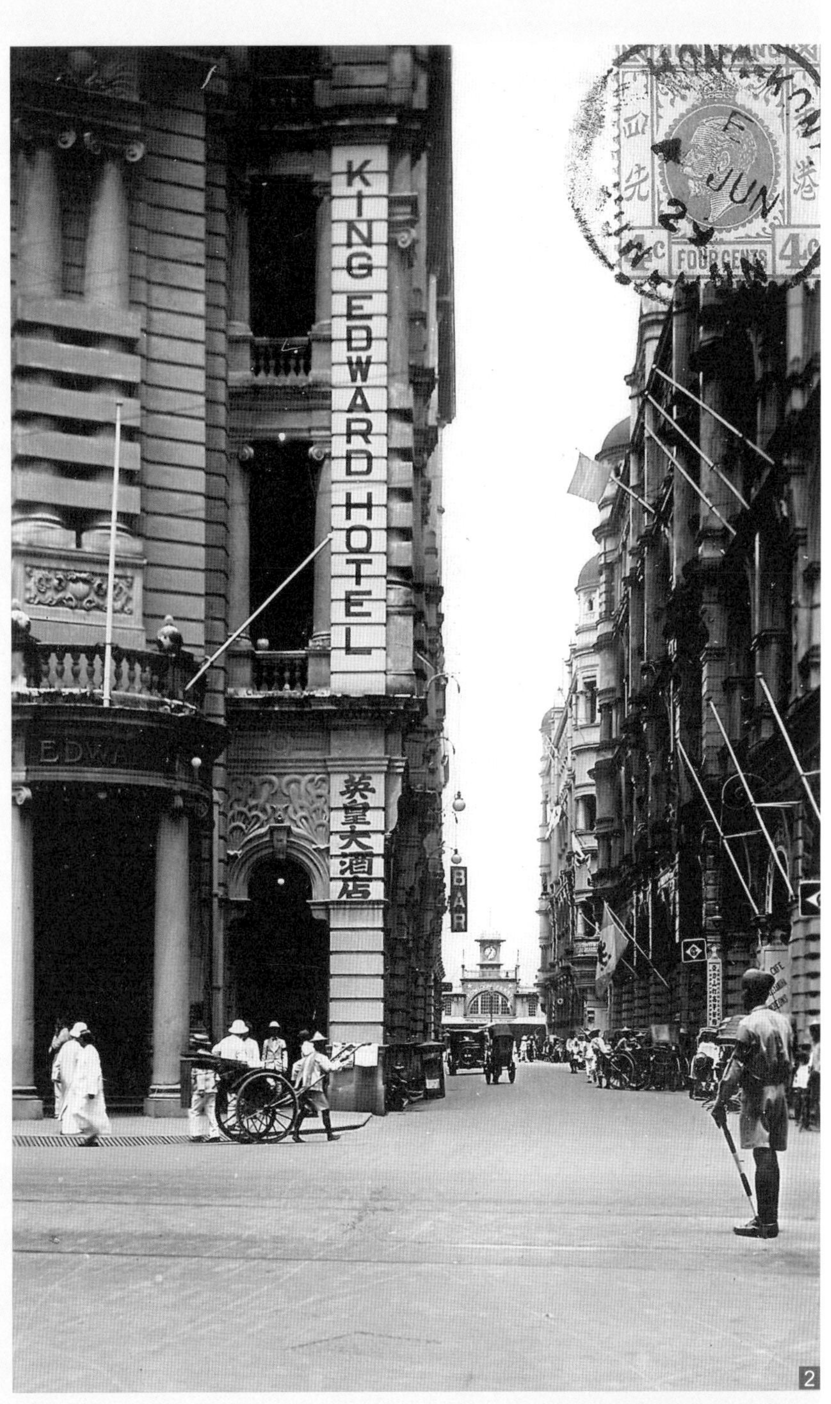


1 由干諾道中望畢打街，約 1935 年。干諾公爵銅像左方是於仁行，正中是落成於 1931 年的告羅士打行及酒店，被稱為"大鐘樓"，右方是郵政總局。

2 由德輔道中望雪廠街，約 1927 年，正中為天星碼頭，左方為英皇大酒店。

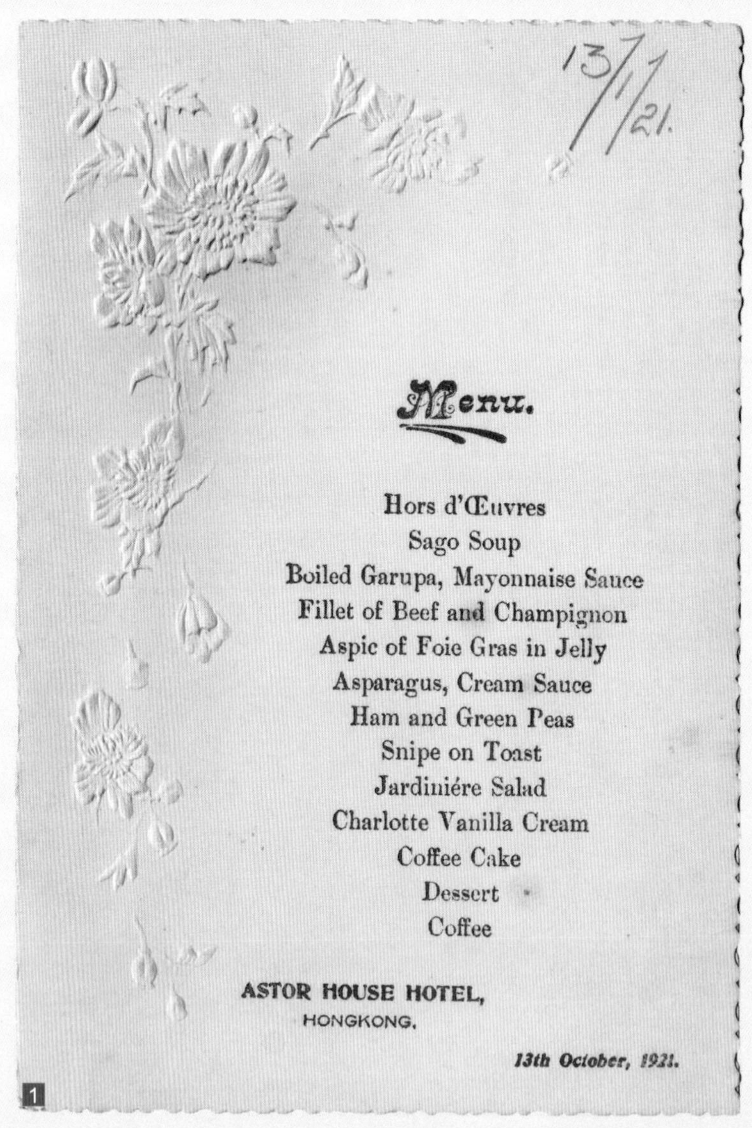
13/1/21.
Menu.
Hors d'Œuvres
Sago Soup
Boiled Garupa, Mayonnaise Sauce
Fillet of Beef and Champignon
Aspic of Foie Gras in Jelly
Asparagus, Cream Sauce
Ham and Green Peas
Snipe on Toast
Jardiniére Salad
Charlotte Vanilla Cream
Coffee Cake
Dessert
Coffee
ASTOR HOUSE HOTEL,
HONGKONG.
13th October, 1921.

1 位於皇后大道中，面向都爹利街之丫士打酒店（Astor House Hotel）的餐單，1921 年。

2 位於雲咸街舊香港會內的波田摩酒店（Baltimore Hotel），約 1913 年，其旁為比照戲院。兩座建築物於 1931 年改建為娛樂戲院。

▲ 1918 年的上環干諾道中。右方為一內河船碼頭，左方的禧利街兩旁有包括共和、中興、長發、三益等多間華人客棧及旅店。

皇后大道中 198 號鹿角酒店的食單。當時自助餐每位收 9 毫，約 1900 年。▶

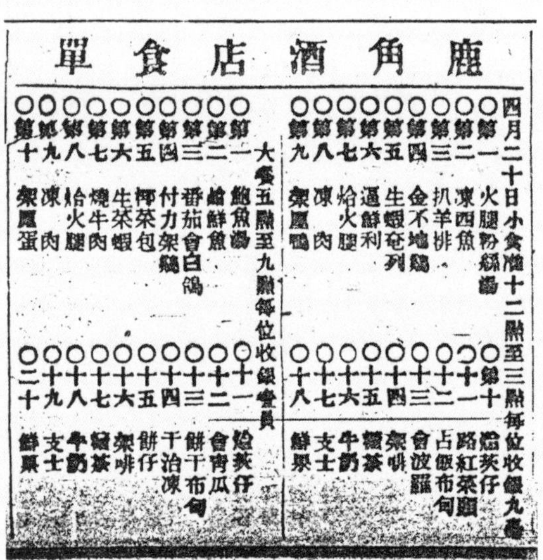

鹿角酒店食單

四月二十日小食由十二點至三點每位收銀九毫

○第一 火腿粉絲湯
○第二 凍西魚
○第三 扒羊排
○第四 金不換雞
○第五 生蝦奄列
○第六 通鮮利
○第七 焓火腿
○第八 凍肉
○第九 架厘雞
○第十 燴荚仔
○十一 路紅菜頭
○十二 占飯布甸
○十三 會波羅
○十四 架啡
○十五 [illegible]茶
○十六 牛奶
○十七 支士
○十八 鮮果

大餐五點至九點每位收銀壹員

○第一 鮑魚湯
○第二 燴鮮魚
○第三 番茄會白鴿
○第四 付力架雞
○第五 椰菜包
○第六 生菜蝦
○第七 燒牛肉
○第八 焓火腿
○第九 凍肉
○第十 架厘蛋
○十一 燴荚仔
○十二 會青瓜
○十三 餅干布甸
○十四 干治凍
○十五 餅仔
○十六 架啡
○十七 [illegible]茶
○十八 牛奶
○十九 支士
○二十 鮮果

東區的酒店有：筲箕灣道（電氣道）的庇利妙酒店（Bay View Hotel）、英皇道的覓得波酒店（Metropo Hotel），以及告士打道 67 號、於 1933 年開業的六國飯店（酒店）。

約 1900 年，有幾間具規模的酒店在九龍尖沙咀開業，當時的電力是由香港電燈公司供應者。較知名的酒店有：惡舌丹路酒店（Austin Road Hotel）、漢口道 2 號的九龍酒店、海防道 39 號的扒利士酒店（Paris Hotel）。

1920 年代，則有彌敦道 375 號的新亞酒店（1930 年改為彌敦酒店）、其對面的新新酒店，及由永安公司經營、位於吳松街 30-40 號的中原酒店等。一流的半島酒店於 1926 年落成，1928 年 12 月 11 日正式開幕接待遊客。

十九世紀中期起，不少接待華人的酒店、旅館及客棧，在中、上環以至石塘咀區開設，當中較大的為位於皇后大道中 148 號、約於 1880 年開業的鹿角酒店。該酒店一直經營至約 1967 年，後改建為鹿角大廈。

同時，有位於德輔道中的人和棧、和記棧、名利棧及悅來棧等。

◀ 1926 年的尖沙咀梳士巴利道，左方為九廣鐵路及火車站，右方為即將落成的半島酒店。

1900 年起，有多間華商的酒店、旅店、旅館及客棧在租庇利街以西的德輔道中和干諾道中、干諾道西之間開設，包括：干諾道中的中華酒店、大東酒店、新生旅店、新華酒店、陸海通旅店、祺生旅店、東山酒店，以及 1920 年代落成的皇后酒店等。這些旅店及客棧不少被用作這一帶私娼及流鶯的"交易陽台"，迄至 1970 年代初。

位於德輔道中的酒店則有：大觀酒店、大羅天酒店、新亞酒店、陸海通旅館，以及落成於 1930 年的南屏酒店。華商旅店及客棧的商會為"廣肇客棧行廣聯商會"。

1905 年，有兩間華人客棧的店伴，未獲允許而登上剛泊岸的輪船拉客，每店被罰 25 元。

1903 年起，多間酒店在石塘咀的"塘西風月"區開設，包括位於遇安台（南里）的聯陞；位於皇后大道西的品陞、賓興、長安、澄天、珠江、廣州，以及位於德輔西電車站旁的廣東酒店（1911 年改為陶園酒家）。

戰後，仍有一塘西酒店及紅梅旅店，後者一直經營至 1980 年代，拆卸改建為美新樓。

二十世紀初，香港的旅遊區為中環、山頂及尖沙咀。遊客多在港島的卜公碼頭和尖沙咀九龍倉的一號橋（碼頭）登岸。

1909 年 12 月，一批共六百多名的環遊世界遊客，乘克利夫蘭總統號郵輪抵港，居於香港大酒店。他們在卜公碼頭登岸，乘電車往遊堅尼地城、跑馬場及筲箕灣，每輛電車均有一名導遊員陪乘。部分遊客則乘馬車或人力車往花園道纜車站，乘專列纜車往山頂；另一部分遊客則轉乘渡輪往廣州。

1920 年，大浪灣（淺水灣）酒店落成。1921 年，有一條由香港大酒店經營，前往該酒店的巴士路線。

1926 年 1 月 1 日，香港大酒店位於德輔道中與畢打街的部分，樓高六層的香港大酒店被焚毀。稍後易手予置地公司，於 1931 年改建成告羅士打行及酒店。

1926 年，半島酒店落成，要到 1928 年 12 月 11 日才舉行開幕禮。1933 年，第二屆英國貨品展覽會，在半島酒店揭幕。

1933 年，灣仔告士打道的六國飯店（酒店）開幕。

1936 年，已成立一個“香港旅遊會”，港府曾要求該會在天星碼頭及九龍倉一號橋之間設立辦事處。同時，不少商人在九龍倉碼頭旁設小型商店，出售富東方色彩的工藝品及古玩。

當時，香港已有旅業商會成立，並已有若干間旅行社，包括位於皇后大道中的中國旅行社。

1937 年，英國皇后客輪載來富客數百人，泊於九龍倉三號橋，當中包括諧星薛尼．卓別靈（Sydney Chaplin，差利之兄）。

COLONIAL HOT
ANNETTA PAPIE
BAR

◀ 由皇后大道中望租庇利街，約1928年。左方街燈旁有一"殖民地酒店"（Colonial Hotel）。

ST. FRANCIS HOTEL
中國國貨陳列行
URNITURE CO LTD
香港傢私有限
傢私
DOR BOO CURIOS STORE CANTON HONGKONG
PHOTO
CAFE
CHINA LACE CO
中國花邊公司
Xmas CARDS.
CALENDARS
ROCK BOTTOM

1941 年 12 月 14 日，告羅士打酒店客滿，不少人居於此堅固樓宇以逃避戰火。酒店亦讓市民在每層走廊架起帆布床睡宿。亦有不少中外人士避居於淺水灣酒店。

攻防戰期間，半島酒店被日軍用作指揮部。到了 1941 年 12 月 25 日下午約五時，港督楊慕琦（Sir Mark Aitchison Young）渡海往該指揮部，向日軍中將酒井隆投降。

俟後，半島酒店被易名為"東亞酒店"；思豪酒店改作"日本陸軍下士俱樂部"；告羅士打酒店則易名為"松原大廈"，而六國飯店則易名為"東京酒店"。

▲ 於淪陷時期被易名為"東亞酒店"的半島酒店。

◀ 由都爹利街向西望皇后大道中，1941 年。右方是由丫士打酒店變身的勝斯酒店和公主行，左方為位於 10 號的京都酒店。

在松原大廈外設有播音筒，報告"正確"的新聞，及於停電期間報時。1945 年 8 月 15 日，日本投降消息是由該播音筒播出。

同年 9 月 4 日，英軍在半島酒店會商接管九龍各政府機關及警署等。同時，酒店內設診療處專為診治政府機關職員及戰俘者。

和平後數年落成的新酒店有：銅鑼灣怡和街的新勝斯酒店、高士威道的灣景酒店、銅鑼灣道的國泰酒店及由皇后酒店改裝的新光酒店等。九龍區則有尖沙咀的格蘭酒店、玫瑰酒店、星光酒店等。

◀ 約 1952 年九龍城太子道（右），與亞皆老街交界的太子酒店（Prince Hotel），所在現為家歡樓。左方的地段曾為亞皆老街難民營區。

1950 年代初落成的新酒店，包括：高士威道的華都飯店、尖沙咀金馬倫道的國際酒店、金巴利道的美麗華酒店、油麻地彌敦道的新樂酒店、九龍城的太子酒店，以及青山道（公路）十七咪半的青山酒店及十九咪的容龍別墅等多間。

當時不少酒店標榜接近航空站（機場）及火車站，方便趕早飛機或火車之旅客。還有一間位於窩打老道的四海迎賓館，標榜為"結婚及度蜜月的樂園"。

1951 年，有一位於銀鑛灣的海屋酒店開幕，方便前往大嶼山各旅遊點的遊人。

告士打道六國飯店（酒店）的正門，1986 年。（圖片由何其鋭先生提供）

◀ 1952 年，剛落成不久，位於彌敦道與寶靈街交界的新樂酒店，左方為京華酒店。

1950 年代初的旅行社有：中國、世界、中僑、東方、香港鄧超、馬策、萬國及歐美等多間。同時亦有若干間包括富強、大成及捷成等“報關行”，代客辦理火車輪船及郵政運送、出入口貨物的報關手續及運輸。

位於皇后大道中與畢打街間，另一部分的香港大酒店內，有藍鷹大酒樓夜總會，以及一間“鱷魚潭茶廳”，被稱為“茶潭”，不少知名人士在此“嘆”下午茶。1952 年中，酒店部分開始拆卸，“茶潭”亦隨之消失，不少“下午茶之戀”的茶客，望門興嘆。大酒店於 1958 年全部拆卸，屋頂花園及富麗堂皇的餐舞會大廳一去不返，後改建成中建大廈，於年多後落成。

1955 、1956 年間，有數艘大郵船載來多批人數以百計的豪客，在港九各地遊覽，聖若瑟學校及多間英文書院派出學生作陪導及翻譯，當局亦派警員保護。至 1958 年，香港已成為吸引大量遊客的“購物天堂”。

1957 年，位於大埔道四咪半，設有豪華夜總會的華爾登酒店開幕。

為方便南來人士，戰後已有若干間公寓及酒店在北角落成，包括附有夜總會的雲華酒店大廈。

稍後的一流酒店，有於 1962 、1963 年落成，位於中區的希爾頓和文華；1960 年至 1964 年落成，位於尖沙咀的馬可孛羅、百樂和總統（後來易名為凱悅）等多間。1964 年，英國“披頭四”樂隊（The Beatles）來港獻唱，當時便居於總統酒店。

半島酒店於 1966 年裝設了一座美麗的噴水池，不少市民及遊客往觀賞及拍照。該酒店的勞斯萊斯車隊亦別樹一幟。

九龍倉一號橋，於 1966 年 3 月改建為海運大廈，其貨倉羣亦陸續改建成星光行、香港酒店、海運戲院、海洋中心及海港城等建築和購物商場，吸引了大量本地人士及遊客前往。

1969 年 11 月 28 日，美國財團以 1 億 3,000 萬元投得曾舉辦工展會的尖沙咀地王，以興建喜來登酒店，於 1973 年落成。

1970 年代落成的新酒店還有：港島銅鑼灣的利園及怡東。稍後，更多新酒店在尖沙咀東部、九龍城及新界區落成。

1978 年，訪港遊客超過 200 萬人。中國實施改革開放後，大量內地遊客訪港。十年後的 1988 年，遊客數量已達 510 萬人。

▲ 新界北區邊境禁區前的外籍遊客，約 1955 年。

▲ 由退役天星小輪改裝為餐飲及遊覽船的"惠風公主號"，約 1970 年。左方為統一碼頭。

# 第二十一章

# 風月場所

早於 1846 年，當局已發出經營醜業妓院的牌照。但礙於輿論壓力，發牌時斷時續，由 1879 年起，才有一較長的“穩定期”。

1930 年代初，英國依從國際聯盟（國聯）的議決，殖民地的香港實行禁鴉片和禁娼。1932 年起禁止洋娼。同年 7 月起，禁止多國妓女麇集的灣仔“大冧巴妓寨”。1935 年 7 月起，禁止石塘咀及油麻地的華娼。俟後，有牌娼妓和妓院即成歷史。

早期洋娼的活動範圍為倫核士街（Lyndhurst Terrace）、荷李活道、吉士笠街、奧卑利街以至堅道一帶。尋芳客例需帶備鮮花一束以作見面禮，以顯“紳士風度”。

由於這一帶繁榮“娼”盛，花檔因而越開越多，由妓院區遍開至威靈頓街，迄至又名為“賣花街”的雲咸街。後來，倫核士街亦易名為“擺花街”。附近的吉士笠街因有葡籍嫖客及娼妓，又被稱為“紅毛嬌街”。

◀ 由閣麟街西望西洋娼妓區的倫核士街（擺花街），1869年。華麗裝飾是慶祝當年訪港的愛丁堡公爵。

洋娼區有部分懂英語，被稱為"鹹水妹"的華籍妓女。當時的撫華道（華民政務司）高和爾（Daniel Richard *Caldwell*），娶了一華籍妓女為妻，另又"兼職"作妓院牌照買賣及投機，成為醜聞。早期，撫華道轄下有查妓院的警察者。

二十世紀初，洋娼的活動範圍伸延至大鐘樓一帶的皇后大道中及畢打街，有不少洋娼被捕及遞解出境。有洋娼在皇后大道中拉客，竟扯及布政司梅軒利（1912 年起任港督），隨即被拘控，判罰款 25 元。

以洋娼為主的灣仔"大冧巴"（因妓院前的門牌號碼特大而得名）妓寨區，主要為春園街及日籍妓女眾多的三板街，亦包括皇后大道東、聯發街、船街、汕頭街、廈門街等，服務對象為該區的葡、菲、日人以及英美水兵。1932 年這一帶禁娼後，一眾"無地自容"的妓女改在莊士敦道一帶暗營醜業。

▲ 由莊士敦道望西洋妓院區的春園街，約 1918 年。因其門牌號碼，"No." 字特大，因而被稱為"大冧把"妓院區。

至於華人娼院區，早期位於太平山區的太平山街、荷李活道、四方街、東街及西街，還有已消失的街道如瑞興里、亞秀巷及左時里等，被稱為“太平山娼院區”。

1870年代，這一帶被形容為“燈火連宵、笙歌徹夜”，連同附近的多間酒廳酒肆，繁華程度甚於廣州的珠江。

1874年（甲戌）9月22日晚上，一場強烈的颶風襲港，不少太平山區的娼院酒肆倒塌，死傷無數。

事後，該區曾經重建。但到了1894年5月，這一帶爆發疫症，大部分樓房遭夷為平地，娼院亦遷移至荷李活道與水坑口街一帶，即為“水坑口娼院區”。迄至1880年代，水坑口街的名稱為“下荷李活道”，同時，水坑口街經佔領角（大笪地）至皇后大道西的一段荷李活道，則名為“鋤（或掘）斷山街”（Gap Road）。

新娼院區亦包括摩羅下街及皇后大道一帶。一間著名的妓院為位於荷李活道大笪地東鄰的錦繡堂，其名下的妓女不少後來轉變為石塘咀妓院的鴇母（主持人）及廳躉（公關主任）。

由於這一帶接近華人貿易區的南北行以及金融區，商賈雲集，早已開設多家酒樓酒肆，當中包括杏花樓、宴瓊林、瀟湘館、觀海樓、金芳園及隨園等十多家，所以華燈初上後，即形成一片“開筵坐花、城開不夜”的繁華景象。

可是，這一帶亦接近太平山疫區，而且人口密集，空氣不流暢。同時，當局為發展石塘咀區，遂於1903年飭令這一帶的妓院連同配套的酒樓，限期於1905年6月1日前遷往石塘咀，後來准延至1906年3月，部分酒樓如宴瓊林及觀海樓等亦一同遷往。縈繞不少人腦際之“塘西風月”的篇章，便由此時開始譜寫。

石礦場的早期名稱為石塘。當時的石塘咀剛完成平整石礦場及對出海軍灣的填海工程。同時，原來的“炮台道”（Battery Road）及“中街”（Middle Street）亦改闢成由薄扶林道至皋路乍街之間的一段皇后大道西。1904年，太平戲院在屈地街煤氣廠東鄰，原炮台街的皇后大道西開業。

◀ 約 1918 年的石塘咀，由遇安台（南里）望“新水坑口”（又名“水塘口”）山道的酒樓及妓院區。正中為電車總站旁的陶園酒家（現香港商業中心），其右方是香江酒樓（現太平洋廣場），再右方依次為妓院“四大天王”的歡得、賽花、詠樂、倚紅（現長發大廈），太湖酒樓（現恒隆大廈）。最右的一座初為洞天酒樓，稍後再依次轉為共和酒樓、中國酒樓及第二代的金陵酒家（現新安大廈）。

▼ 紅燈區由水坑口遷往石塘咀之後，酒樓行公會的“公慶堂”特設馬車接載妓女往來石塘咀及水坑口的廣告。可見包括杏花樓、宴瓊林等公慶堂屬下酒樓的名單，1908 年。

**酒樓行公慶堂特設馬車專載妓女常川來往石塘嘴及水坑口廣告**

啟者本行以娼寮遷後來賓招妓特褰深滋不便故特與忠驊馬房立約僱備馬車七輛每天自下午六點鐘起至晚間兩點鐘止常駐石塘嘴及水坑口兩處專載妓女往來赴局之用惟是經費浩大不得不向來賓約略收回以資彌補當此無可奈何之天有情難濟之日憐彼番遷而不甘辨遷者想不願失此太平山之好價值也

（計開）

菜一度每桌收回經費銀八毫

菜兩度每桌收回經費銀壹元二毫

五位客以下每桌收回經費銀五毫

丙午年二月十二日

公慶堂 探花樓 杏花樓 聚南樓 敘馨樓 冠英樓 宴瓊林 新和昌 萬芳樓 仝啟

所謂“塘西”的石塘咀區域，是指包括屈地街旁煤氣廠西端的皇后大道西、山道、遇安台（南里）、和合街、加倫台、日富里、德輔道西、堅尼地城新海旁、卑路乍街，連同現已消失的晉成街及義益街等區域。兩旁雲集大小的妓院娼寮及酒樓酒家，全盛時期該區域顯出一片燈紅酒綠、夜夜笙歌的繁盛局面。

妓院，又名娼院、娼寮、青樓、妓館、娼肆、秦樓楚館及煙花之地等。妓寨，被形容一如劇盜盤踞的山寨，入內者會被劫掠一空，體無完膚。

已往華民政務司署領牌的稱為妓，無牌稱為娼，即私娼，但一般嫖客皆無暇細分，統稱之為娼妓，而“雞”或“老舉”則為與“妓”的發音相近。文

風月區酒樓的內景，約 1900 年。▶

字上，例如召妓出局的花箋或局票上，則尊稱她們為“校書”或“眉史”。普遍的稱為“阿姑”，炙手可熱的則稱為“紅牌阿姑”。

1907 年，當局宣佈：“除華人外，所有各國人不得入寨飲宴宿娼，否則將該寨查封”。

早期的塘西妓院有：羣香、百花、桃苑、慶觴、錦香、怡翠及怡紅院等。稍後則有：天一、宜香、歡得、賽花、詠樂、倚紅、萃芳及宴花等多家。妓寨當中，亦分有收夜度資三両六（伸算為 5 元）的“大寨”、二両四的“二四寨”，以及較平的“半私明寨”。雖然明文為“三両六”，但實際有花上若干萬元，仍不能與妓女作“一夕之歡”者。

不過，有設於堅尼地城新海旁“石騎樓”的低級娼寮，只需花 2、3 毫，便可“一嘗禁臠”。

▼ 由德輔道西望山道，約 1928 年。右方是由金陵酒家變身的廣州酒家，其左鄰是萬國及頤和酒家。左方為倚紅妓院及太湖酒家，中左方五層高建築是第二代的金陵酒家。正中為石塘咀街市及遇安台的聯陞酒店。

因怕有辱門楣，妓女永不提自己的姓氏。早期的名字多為兩個字，如：銀蘇、金仔、楚君、悲涯、蕙文、凌霄等。二十年代後期則時興三個字，如：花麗雲、綺羅香、小湘妃、賽秋霜及盼如君等。除自願者外，大部分為自小已被賣落青樓的女孩。少數被訓練作歌伶，不成材的便在酷刑威逼下，被迫應召接客。

全盛時期的 1921 年至 1922 年，石塘咀共有大小妓寨五十多間，妓女二千多人，包括“寮口嫂”（近身）、“豆粉水”（男侍應）、“龜爪”（打手）及雜務等男女工役亦有二千多人。妓寨的“事頭”被稱為“龜公”，因此是永不出面或露面者，業務只由稱“龜婆”的鴇母（又被稱為“七十鳥”）負責。

妓寨區的酒樓酒家亦有二十多間，職工有千多人。著名的酒樓有：金陵、陶園、香江、洞天、洞庭、廣州、珍昌、萬國、共和及聯陞等。

往塘西遣興，名為“飲花酒”，多呼朋引類先在酒樓設筵（分頭尾圍），着侍應送局票（花箋），各自召心儀的阿姑前來陪酒。阿姑是坐於嫖客背後，被稱為“后土”。無后土的孤寒客，會被譏笑為“身後蕭條”。散席後，同赴妓寨與阿姑在房內談心、喝茶，名為“打水圍”。

若想與妓女同赴巫山，共度春宵，則需多花金錢，滿足阿姑及龜鴇的需索，除節賞及餽贈外，還須“執寨廳”（花大筆金錢在妓寨宴請全寨的七、八十名妓女，又稱“霸王夜宴”）若干次方能如願。當時，塘西的妓女被形容為全世界最“高竇”者。

1 倚翠眉史（妓女的雅稱）素梅。曾拍兩套電影。

2 倚翠眉史蘇蘇。

3 天一妓院的花飄零。

4 宜樂妓院的巧巧。

被稱為“廉埭花國”的油麻地娼院區，始於1880年代，範圍為廟街、吳松街及白加士街一帶，地位較塘西低，最高級的妓院亦只為“二四寨”。在油麻地召妓薦枕，沒有石塘咀的繁瑣規矩，最低花十多元（約大半個月薪金）便可如願。

1920年代，油麻地的妓院亦有五、六十間，包括杏花、雅鳳、鏡海、成發堂、小蓬萊、巧樂及長安院等。

禁娼後，油麻地的私娼仍在這一帶活動，迄至現今。

自1930年宣佈禁娼後，大量妓院及酒樓結束營業。1935年6月30日之後，禁娼令實施。不少石塘咀及油麻地之妓女，變身為歌女、舞女或導遊，亦有部分嫁作新界農民為農婦，使新界平添不少“衣香鬢影”。

但最多為被稱作“貓”的私娼。當時港島的私娼區位於德輔道中、干諾道中及干諾道西、荷李活道、百子里、歌賦街、結志街、威靈頓街及鴨巴甸街一帶。其中分有德輔道中的“電車路”、干諾道的“海皮”，以及荷李活道至鴨巴甸街一帶的“荷池鴨道”共三大私娼區。電車路及海皮兩區的“娼盛”一直維持至約1970年所有供作“交易陽台”的旅館、客棧清拆殆盡為止。

戰後，不少在街頭拉客的流鶯（娼妓），被警方以“阻街”罪名拘捕。不少“阻街女郎”因而變為“兩棲動物”，不時“乘桴浮於海”租船艇在海上交易，因無“阻海”之罪。但後來海事法庭亦會以“阻海”罪名改罰艇主。

1 翠樂妓院的小梅花。

2 蔴埭（油麻地）添花妓院的白牡丹校書（妓女的雅稱）。

3 油麻地藏英閣妓院的飛霞。

# 第二十二章

# 鴉片

由 1841 年香港開埠迄至 1935 年，鴉片煙是由煙商繳稅予政府而公開出售者，有一段時期由政府的"皇家鴉片公司"自行銷售。

1879 年，共有鴉片煙商 103 人，當年政府所抽之稅項為 20 萬 5,000 元。

早於 1874 年，有一間集成公司，奉憲恩准投充（承辦及出售）香港及九龍等處熟洋煙牌照，所售鴉片稱為"公煙"。

當時鴉片的名稱有：熟洋煙、熟煙、洋煙、生熟鴉片、生土、熟土、金山煙及二煙等。而鴉片的品種則因來源不同而分有：公坭、白坭、葉坭、波斯坭以及中國坭等，而以白坭為最多。不少鴉片煙行名為"公白行"，即為銷售公煙和白坭者。

▲ 吸食水煙者（左，臥床）及抽鴉片（橫床直竹）的癮君子，約 1900 年。

# 告　誡

啟者本公司奉　憲恩准投充香港等處熟洋烟牌照上承國課中外咸知凡港屬內販售熟洋烟者均赴本公司領牌不論日逐煮烟或沽出外埠皆以預日報明照章按納正課如沽出外埠隨給驗單或有由別處煮成熟洋烟運入港界者仍須報明輸餉以憑查核此屬有關餉項維正攸供不得不防維嚴密也本公司擬餉非奢給區容易務使就業者咸臻利便彼此相安乃近日有奸詐之輩希圖漏稅或積諳私烟或偷漏出口種種情弊疊經本公司拿獲送案嚴究人則定以罰鍰烟則照例充公竊歎希圖漏匿之人但計其利而不計其害試思即能倖免入益殊輕苟被查拿折罰綦重何吝有限之捐輸至喪莫大之貲本在經紀營生者幾至蕩產傾家本公司目擊情形深爲可惜是以不憚煩言遍申告誡惟願後之業斯道者務宜照章輸餉安分營生切勿稍存私念而蹈愆尤本公司實所厚望焉

信宜公司啟

◀ 1874 年，向港府投得“熟洋煙”（鴉片）專賣牌照之信宜公司，在報章刊登之公告。

十九世紀後期，不同名稱的鴉片煙店有：信源公煙店、福隆洋煙店、金貞公白店、人和熟鴉片店、張廣和熟煙店、禮和二煙行、萬福鴉片公司及廣源盛公白行等，於皇后大道中、皇后大道西、文咸街、乍畏街（蘇杭街）及嘉咸街等處開設。

當時，有包括屈臣氏出品的戒煙餅及戒洋煙粉出售。

▼ 1895 年，連卡剌佛公司，在荔枝角稅關廠（當時所在仍屬中國），出投鴉片及菇煙（Tobacco）的廣告。

鴉片出投

啓者連卡剌佛公司于五月初四禮拜壹日十一
點鐘在荔枝角稅關廠有鴉片出投開列于左
菇煙壹千壹百壹十九粒零半　公煙八十粒
合共熟煙壹千壹百九十九粒零半
投買規矩現銀紙交易鑼落之後買客自理限期
一個禮拜將貨出清
預先十點鐘有火船仔壹隻在[illegible]必打步頭開行
前往拍賣處每客收回水腳銀壹毫此佈
乙未年　四月　念九日　謹白
拍賣人連卡剌佛行謹啓

1874 年報載，仍屬中國管轄的急水門（馬灣）島上，設有釐金廠（稅關），駐有中國兵勇，他們用釐廠旗號作護身符，走私漏稅及運鴉片，中英雙方官府皆奈何不得。

1902 年，振華公司（一年後易名為"振華豐"）向政府繳稅承辦香港及新界煙及二煙。稍後，改由興隆公司承辦。

1906 年，有一間鴉片煮煙局位於灣仔道與陳東里之間。

當時，有不少供人吸食鴉片的場所，例如位於鴨巴甸街 25 號地下的福榮居公煙開煙燈館（或稱"開煙燈局"）；位於嘉咸街 9 號 2 樓的逸閒茶煙室，及歌賦街的醉芙蓉煙館等。

當時，鴉片煙公司僱有巡丁（又名巡欄），視察非法私設煙館，或私賣鴉片煙者。

1910 年，改由“大有鴉片公司”承辦香港及新界內煮賣熟鴉片煙，及收鴉煙煙灰，和煮賣二煙之權利。該公司位於干諾道中與林士街交界。

同時，政府嚴禁賣戒煙丸藥。有需要者可往大有公司查詢，或往國家醫院向醫生索取。

▼ 上環林士街與干諾道中之間的省港澳碼頭，約 1910 年。先施公司的右方可見鴉片專賣機構“大有鴉片公司”，這一帶的樓宇現時為永安中心。

1909年全年鴉片煙統計，存貨5,807箱，大有公司煮銷1,044箱，入口35,734箱，出口為35,938箱。1910年底，公坭及葉坭的價格，每箱由1,500元，大幅漲至2,300元。

1910年，大有鴉片公司總巡丁，控告某甲私賣煙膏，官判罰250元及入獄兩個半月。同時，大量無牌開煙燈館，在警察及巡丁四出嚴查之下紛紛結業，但仍有不少於油麻地及紅磡經營。

當時，政府規定，外船搭客於抵港泊岸時，需將自吸鴉片用箱封固，通知大有公司派巡丁護送到該公司存放，船起航時到公司取回，則無需繳餉（稅）銀。

之後，不少結業之無牌開煙燈館，大部分改為"食物館"，到此者往往以"一盅兩件"為掩飾，隨即倒臥"抽大煙"，當時《南清（華）早報》着政府禁止。

1911年，一人藏有"生土"五百多両，為大有公司巡欄所拘，官判罰1,000元及入獄三個月。

1914年3月1日起，公煙專賣由政府自行承辦，名為"皇家鴉片公司"。在印度加爾各答購入公坭25箱、葉坭25箱，宣稱香港與上海共存之鴉片，可供18個月之用。

1918年，有人在黃泥涌村71號屋煮私煙被拘控。

1925年，海關監督宣佈，檢獲來自印度、巴西、中國內地之生坭、上等和次等之煙膏，以及嗎啡和煙草。同時，不少人因藏有"高堅粉"（可卡因）、海洛英及紅丸等毒品而被判入苦工監。

1935年7月1日起，本港實行禁止買賣鴉片煙，但迄至戰前，仍有多間煙館，公煙仍繼續銷售。到了1941年3月，港九吸鴉片煙者日增，港府的公煙供不應求，禁煙令形同虛設。1939年，全年共賣出八萬多両，獲利三十多萬。

淪陷時期，日軍當局成立專賣鴉片的公司，發行機構為皇后大道中 15 號公主行內的“裕禎公司”（寓禁於徵的意思）。指定的小賣所及煙館分佈於港九新界各區，所發售者是由“滿洲國”熱河運來的煙土。日軍當局不斷提升價格，獲取暴利。

和平後，港九各處尤其是各區的山邊木屋，均有不少“道友”、“癮君子”前往吸毒，毒品包括鴉片、白麵（白粉、海洛英）及紅丸。鴉片品種有雲南土、東莞土及鹹水土。此外，亦有不少款接上流人士往吸鴉片的煙房。

1948 年，立法局首讀通過，禁種罌粟花的議案。

1950 至 1960 年代，仍有不少供吸食鴉片的架步和私竇，最多“道友”（癮君子）流連的是以“雞”（娼妓）、“鴉”（鴉片）、“狗”（狗肉）而惡名遠播的“三不管”九龍寨城。

寨城內的“紅黑白”毒品（紅丸、鴉片、白粉）供應不絕。1950 年代中，差不多每天都會有一、兩具“道友”屍體，被棄置於英屬地區的西頭村公廁內，多由“屎坑哥”（公廁管理員）報警處理。

港九市區的樓宇以至橫街窄巷上，亦有不少販賣白粉等毒品的活動，但在貪污盛行的年代，不少執法人員亦視而不見。

▲ 鴉片（臥者）、水煙（右坐者）、旱煙（左坐者）之吸食者，約 1905 年。

# 第二十三章

# 煙草與雪茄

1860 年代起，已有經營熟煙及煙絲生意的店舖及茶煙行，稍後較著名的一間是陳春蘭。

根據 1881 年的統計，本港有"刨煙絲者"(Tobacco Manufacturers) 共 96 人，"捲煙者"(Cigar Makers) 31 人。1894 年有呂宋煙(雪茄)舖六至七間。

1895 年，有新"菇煙"(Tobacco)(或稱巴西煙、煙仔，即香煙)八箱，在皇后大道東新沙宣公司貨倉內出投。

▲ 中環畢打街，約 1915 年。左方為位於皇后大道中 24 號三樓的英美煙草公司。右方的郵政總局舊建築於 1924 年改建為華人行。（圖片由吳貴龍先生提供）

1901 年，有一間東方製造煙草公司，稍後在旺角加冕道（彌敦道）與豉油街之間建設一龐大的廠房並附設花園。

同時，有一位於南北行街口的裕蘭煙莊，出售“鶴山地道芸蔘生熟名煙”。

當年的外國煙，有美國製的“活邊”（Woodbine）及“麼打”（Motor）牌。

1904 年，位於皇后大道中 310 號的利商公司，在旺角一店舖內用機器製造巴西煙。

1905 年，英美煙草公司銷售港產煙仔之品牌有：三炮台、活邊、卑角（Peacock，孔雀）、珍珠船、鯉魚、噫士頓、派律（Pirat，後來易名“老刀”）。

1907 年，南洋兄弟煙草公司（位於現南洋酒店至堅拿道之間）出產煙仔，品牌有：喜鵲、發財、地球、雙喜、美人及福壽等。1915 年，該廠有男女工人千餘，發行所位於德輔道西 145 號。

1911 年，有無業遊民及苦力二人，在街上執（拾）煙頭將煙絲取出，用煙紙包捲，然後放入派律及玫瑰之煙包中出售，被拘控冒用商標，判監四個月。1940 年，亦有人因出售此種“百鳥歸巢”煙仔而遭重罰，因此舉會傳染疾病。

1915 年，英美煙草公司新品牌的煙仔有：三個五、黑貓、順利、飛雁，以及在中國生產的多福（Door Fook）。

同時，南洋公司生產的煙仔有長城、多寶、百鵲等牌子。該公司的煙包內附贈券，集齊若干張可換月份牌、美術畫或案頭日曆。

▲ 上環皇后大道西，約 1920 年。左中部可見一寶蘭生煙店，所在現為上環街市及上環文娛中心。

1920年代，香港的煙草公司，還有一間位於中環結志街的美泰煙公司，以及一間位於機利文街，出產珠江牌煙的中國華商煙公司。

1929年起，南洋公司陸續推出梅蘭芳、白金龍、海軍、千秋、福祿、金龍、紅金龍及黃金龍等品牌煙仔。當時該公司的監理為陳廉伯。

▼ 油麻地區一街頭煙檔，約1930年。當時有散裝煙出售。

當時，不少中外煙仔均附送一張"公仔紙"，內容為《三國演義》、《水滸傳》等名著的故事或人物，以及各種運動和新式車、船等。

煙仔包裝分有：10支裝紙盒、15或20支裝錦盒或方鐵盒、50支裝圓鐵罐等。

1939年，著名的煙行有：皇后大道中26號的福和、德輔道中48號的英昌行（所在後來為萬興行，現為萬宜大廈）及德輔道中16號B的殷琴娜煙行。

日治時代，南洋兄弟煙草公司被改名為"香港煙草廠"。

和平後，在本港銷售的英國煙有：鴨都拿七號、水手牌、使館牌、高夫力、噫士頓（絞盤）、慰勞牌、白鵝、樂富門、順利及白馬等。

1948 年，英美煙草公司的煙仔有：摩利士、玉葉、百利、老刀、金帆、先進、三炮台、加力、三個五、三個九、吉士、好彩及總督等。中國煙則有孖 0（零）牌及星島牌。

1950 年代，港產煙仔有紅錫、金鹿、貴妃以及戰前的紅金龍等。

同時，設於市區的製煙公司有：告士打道 256 號的大英（英美）煙草公司（現為伊利沙伯大廈所在）；南洋酒店一帶的南洋兄弟煙草股份有限公司；英皇道 505 號的香港煙草有限公司，及士美菲路 12 號的英倫煙草公司。

1　南洋兄弟煙草公司的梅蘭芳牌香煙廣告，1928 年。

2　位於旺角，龐大的東方煙廠（東方街及煙廠街以其命名）在皇后大道中娛樂行開設門市部的廣告，1941 年。

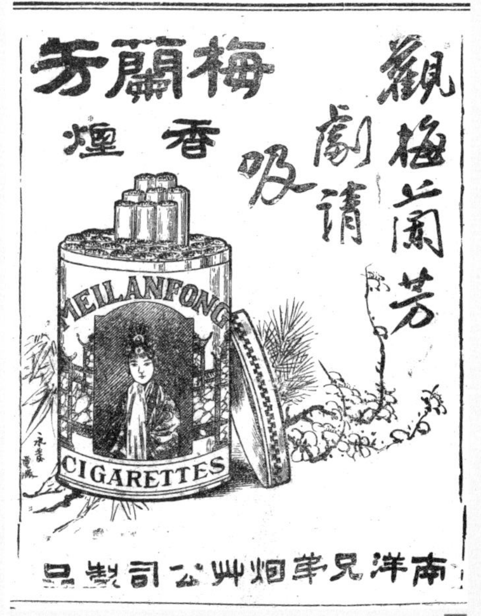


1

2

參考資料： 香港政府憲報

《循環日報》

《華字日報》

《華僑日報》

《星島日報》

《大公報》

《華僑日報》編印〈香港年鑑〉（1948-1993 年）

鳴謝： 何其鋭先生

佟寶銘先生

吳貴龍先生

陳創楚先生

香港大學圖書館